유산 · 유품정리사 들여다보기

Heritage Consolidator

장봉석 지음

노인연구
정보센터

유품정리와의 만남

몇 년 전 일본에서 '유품정리'라는 것을 처음 알게 되었을 때만 하더라도 저와 이렇게 큰 인연이 되리라고는 생각하지 못했습니다. 용어도 생소한데다 이 서비스를 이용하려면 상당한 비용이 들기 때문에 노인빈곤률이 높은 한국에서 과연 이 서비스를 얼마나 이용할까 하는 생각이 들었습니다. 게다가 우리 정서에 맞을지도 의문이었습니다.

하지만 얼마 후 저는 유품정리를 전혀 다른 관점에서 보게 되었습니다. 저희 시설에는 무연고·독거 어르신 몇 분이 재가복지서비스를 이용하고 계셨는데 이분들이 돌아가시자 장례나 재산, 유품처리 과정에서 이런저런 문제가 생기게 되었던 것입니다. 이를 계기로 유품정리서비스의 필요성을 새삼 깨닫게 되었습니다.

우리나라의 노인인구 비율은 매년 빠르게 증가하고 있습니다. 하지만 소득수준이나 복지지원, 삶의 질은 여전히 낮은 수준에 머물러 있는 것이 현실입니다. 최근 사회보장기본법 개정 등 일련의 조치들이 진행되고 있지만 이를 실제로 체감하는 데는 꽤 오랜 시간이 필요할 것 같습니다.

사회복지서비스의 패러다임도 변화하고 있습니다. 주요 원인은 바로 복지서비스의 시장화입니다. 노인장기요양보험 시행 이후 노인복지서비스가 상품화되면서 소비자와 공급자간의 계약, 혹은 구매 등의 형태로 변화하고 있습니다.

이에 대해서는 각자 입장이나 관점에 따라 생각이 다르겠지만 무조건적, 무비판적 수용이 바람직하지 않다는 것에는 누구나 공감할 것입니다.

유산·유품정리서비스 역시 마찬가지입니다. 일본에서 일정 비용을 지불하고 이용하는 서비스라 해서 우리도 똑같이 해야 한다는 법은 없습니다.

이런 이유로 유산·유품정리서비스와 사회복지서비스의 관계에 대해 진지하게 고민하게 되었고, 우리나라는 오히려 복지서비스라는 형태가 더 타당하며 현실성 있다는 점을 강조하였습니다.

이 책은 유산·유품정리 일반론, 실무론, 관련 법령 등 세 부분으로 이루어져 있습니다.

유산·유품정리의 개념, 이와 관련된 사회문제, 유산·유품정리 종사자들이 유념해야 할 전문인으로서의 직업윤리, 유산·유품정리의 실제와 유의사항, 다양한 관련 법규들(환경법, 장사법, 민사법, 상속세법)을 다루고 있습니다.

일본 유품정리사인정협회의 『유품정리사 양성과정교재』를 비롯해 다양한 자료를 수집하고, 각 분야 전문가들의 의견을 수렴하여 현장감 있는 교재로 만들고자 노력했지만 여전히 아쉬움은 남습니다.

특히 실무론에서 경험이나 사례가 부족하다는 점, 관련 법규의 적용방향 모색 등 앞으로 많은 부분을 보완해야 할 것으로 보입니다.

지난 한 해 유산·유품정리, 노인성년후견 등을 위해 복지마을 설립 등 분주하게 보냈지만 만족할만한 성과를 거두지는 못했습니다. 하지만 이번 집필을 계기로 다시 한 번 자세를 가다듬고 주변의 어르신들, 이웃들과 함께 행복하게 살 수 있도록 최선을 다하겠다고 다짐해봅니다.

그동안 많이 도와주고 격려해 준 가족들과 이양재노인종합센터, 복지마을 식구들, 지인들, 그리고 제가 몸담고 있는 사회복지법인 혜산의 대표이자 오랜 스승이신 김관수 교수님께 깊이 감사드립니다.

마지막으로 이 책을 출판하는 데 물심양면으로 지원해주신 ㈜노인연구정보센터 황재영 대표께도 깊은 감사를 전합니다.

2014년 10월

장 봉 석

차례

Heritage
Consolidator

Part I

유산 · 유품정리 일반

「유산 · 유품정리」를 이해하려면 먼저 유산과 유품이 무엇이고 고인과 유가족의 관계 속에서 어떤 의미가 있는지, 세대와 세대 사이를 어떻게 연결해 주는지 알아야 합니다.

핵가족화, 맞벌이세대, 독거노인가구 및 1인가구의 증가가 전통적인 가족관계를 약화시키고 있습니다. 물질만능주의 등의 사회풍조가 큰 영향을 미치면서 장례나 유산 · 유품에 관한 종래의 관습도 변화하여 적절한 대응이 요구되고 있습니다.

일본의 유품정리서비스가 우리나라에 도입되면서 이를 원하는 사람들이 점점 늘어나겠지만 아직은 초기단계에 불과하며, 이 서비스가 바람직하게 정착되려면 많은 노력이 필요합니다.

「유산 · 유품정리 일반」에서는 유산 · 유품의 정의와 이를 정리하는 사업이 무엇인지 살펴보고 유산 · 유품정리전문가의 의의와 필요성, 전문가로서의 자세, 직업윤리, 이 사업의 한계와 과제 등에 대해 다뤘습니다.

또한 핵가족화, 고령화, 자살, 고독사 등 유산 · 유품정리와 관련된 다양한 사회문제들을 짚어보고 이에 대한 유산 · 유품정리서비스의 접근방법과 역할에 대해서도 살펴보고자 합니다.

01

유산·유품정리란 무엇인가

1. 유산·유품정리의 의의

유산·유품정리란 무엇인가? 이를 알기 위해서는 '유산'이나 '유품'에 대한 정의가 선행되어야 합니다.

유산(遺産)이란 '고인이 남겨놓은 재산이나 사물 또는 문화'입니다. 유품(遺品)은 '고인이 생전에 사용하다 남긴 물건'을 의미합니다.

유산은 좁은 의미에서 고인이 남겨놓은 동산·부동산과 같은 재산이나 물건 또는 사물을 의미하고, 넓은 의미로는 고인 또는 앞 세대가 자손이나 뒤 세대에게 넘겨준 가치 있는 유·무형의 총체를 말합니다.

이러한 유산 중, 물건(물품 특히 동산)에 속하는 것 즉 고인이 생전에 사용했던 생활용품과 의류, 가구, 가전제품 등이 유품에 해당합니다.

고인의 유산이나 유품은 유언이나 상속을 통해 가족·친척 등 유족 및 지인에게 전달되기도 하고, 국가 재산으로 귀속되기도 합니다.

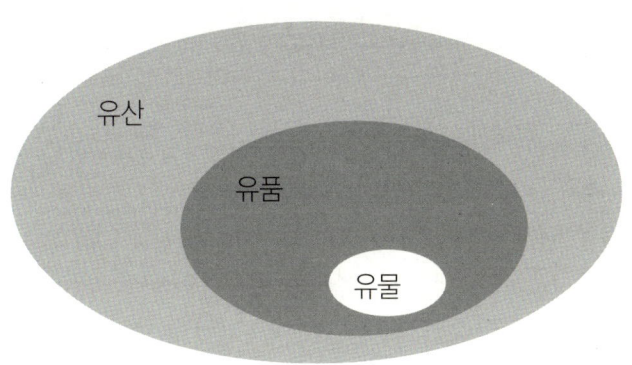

[그림 1] 유산 · 유품의 관계

유산

유품

유물

유산이나 유품에는 건물 · 토지 등 부동산은 물론이고 자동차와 같은 동산도 있으며 현금, 예금통장, 어음, 채권 등도 포함됩니다.

> **동산**
>
> 땅이나 그 위에 고정되어 있는 건축물을 제외한 모든 물건

한편 일기, 수첩, 편지 등 재산으로서 가치는 적지만 삶에 대한 고인의 경험이나 가치, 추억이 묻어있는 물건 등 그 범위와 종류가 매우 다양합니다.

지금까지는 고인의 유족들이 유산 · 유품을 정리하거나 취급해왔습니다. 하지만 최근 유산 · 유품을 전문적으로 정리 · 처분 · 양도 및 양수 · 기증 업무는 물론 상속업무 대행, 운구, 장례지원, 청소, 소독(방역), 리모델링 등 업무 전반을 종합적으로 대행해 주는 서비스가 생겨나고 있습니다. 이것을 「유산 · 유품정리서비스」 또는 「유산 · 유품정리사업」이라고 합니다.

Q^이 유품정리서비스는 어떻게 시작되었나요?

A^이 일본에서는 2000년부터 요시다 타이치吉田 太一가 「유품정리서비스」를 시작했고, 2002년 10월에는 일본 최초의 유품정리 회사인 「Keeper's」가 설립되었습니다. 이후 사단법인 유품정리사인정협회가 창설되어 유품정리사가 민간자격전문가로 활동하게 되었으며 현재 많은 인력들이 각 지역에서 창업 또는 취업하고 있습니다.

우리나라도 그 영향을 받아 「Keeper's Korea」, 「바이오해저드」 등을 비롯해 여러 유품정리업체가 설립 · 운영되고 있습니다. 이러한 유품정리서비스는 점차 보편적 서비스로 정착될 것입니다.

유품정리서비스에 유산 문제까지 포함하여 법적 · 사회복지적 관점에서 사회 · 국가적으로 접근하고자 하는 노력도 있는데 사단법인 복지마을이 그 대표적인 경우입니다. 이는 유산 · 유품에 관한 사업을 목적으로 하는 전국 최초의 법인입니다.

가. 유산 · 유품정리사의 업무와 필요성

유산이나 유품의 정리는 대부분 유족들의 몫이었기 때문에 이를 전문적으로 수행하는 사람들이 생겨난 것은 그리 오래되지 않았습니다. 고인의 유산이나 유품은 유족이 직접 정리하거나 주변에서 일부 도와주거나, 폐기물수집운반업자 등을 통해 해결하는 정도였습니다.

한 사람이 죽으면 다른 사람들과의 생활관계나 법률관계는 물론 다른 모든 것들과 관계가 끊어집니다. 자연, 환경, 종교뿐 아니라 거주지, 사용하던 물건, 애완동물과의 관계도 그러합니다. 하지만 관계가 끊어졌다고 이것들이 저절로 사라지는 것은 아닙니다. 따라서 누군가가 정리를 해야만 합니다.

관련 사무로는 사망진단서 수령, 사망신고, 장례·장사, 부동산의 상속 또는 처분, 예금·차량 등의 상속이나 처분, 채무·공과금 납부, 일상생활 용품이나 폐기물의 인수·처리·처분 등 매우 다양하며, 법률적인 문제가 함께 발생하는 경우도 많습니다.

이러한 사무를 가족이나 상속인 등이 직접 해결할 수 있다면 다행이지만 가족이나 지인이 없거나 있더라도 이를 감당할 수 없는 경우에는 문제가 생기게 됩니다.

핵가족화와 맞벌이세대의 증가, 고령화에 따른 독거노인·노인부부세대, 1인가구 증가, 자살·고독시의 증가 등 사회현상과, 고인과의 재산관계, 가전·가구류·생활용품 등의 처리, 폐기물의 처분 등에 대한 제도나 규제가 서로 맞물리면서 유족이나 주변인의 도움만으로는 다 해결할 수 없는 상태가 되었습니다.

따라서 가족이나 지인 등이 유산이나 유품을 정리하던 방식과 다르게 유족의 심리적·시간적·공간적·경제적 부담을 줄이면서 전문적이고 체계적으로 업무를 대행해 주는 유산·유품정리서비스가 필요하게 되었습니다.

일본에서 유산·유품을 생전에 정리·계획하는 사람들이 점점 늘고 있는 것도 이런 현상을 반증하고 있습니다.

영구임대주택에서 거주하던 A씨(당시 78세)는 2011년 8월 사고로 갑자기 사망했습니다. A씨에게는 다른 지역에 살고 있는 아들이 한 명 있었지만, 그와는 약 10여 년 전부터 연락이 끊긴 상태였습니다. A씨는 인근의 노인복지센터에서 지원을 받고 있었습니다. A씨의 재산은 영구임대주택보증금 500만원과 매월 지자체에서 받는 생계비 통장 그리고 생활용품 등이 전부였습니다.

1. A씨의 장례, 화장 등은 해당 지자체의 지원을 받아 처리했습니다.

2. 임대보증금 반환·처리를 요구하자 관리사무소 측은 호적상 상속인이 있고 그에게 처분에 관한 모든 권한이 주어지기 때문에 그 아들이 와야만 임대보증금을 반환받을 수 있다고 했습니다. 그리고 A씨의 임차가 만료되기 전까지(아들이 나타날 때까지) 납부해야 할 월 사용료 등 공과금이 계속 발생하는데 이를 납부하지 않으면 임대보증금에서 상계한다고 했습니다.

3. 월 사용료 누적액이 임대보증금을 넘으면 이때 보증금은 미납된 월 사용료에 대한 비용으로 처리됩니다.

4. 생활용품에 대한 권한도 아들에게 있기 때문에 다른 사람이(노인복지센터 직원이라도) 함부로 처분하는 것은 불가하다고 했습니다.

5. A씨의 통장에는 약 30만원이 남아 있었는데 이것도 제3자인 노인복지센터에서 보관하는 것은 불가하다고 했습니다.

6. 이와 유사한 사례로 여러 은행 등에서 보관하고 있는 금액이 상당히 많을 것이라고 하였습니다.

7. 노인복지센터 직원이 공공기관의 도움을 받아 이 문제를 해결하려했지만 방법이나 절차가 너무 복잡하고 많은 시간과 인력이 소요되는 등 어려움이 있어 결국 포기하게 되었습니다.

2. 유산·유품에 대한 사회의 인식과 접근

'유산·유품'이라고 하면 고인이 남긴 것들 중 토지, 건물, 현금 등 재산상 가치 있는 물건만 떠올리는 경우가 많습니다. 금전적인 이득이 있거나 유족에게 특별한 의미가 있는 것만 유산·유품이라고 생각하기 때문입니다.

고인이 사용하던 물건 중 많은 것들이 활용·보존이 가능하고 경제적·문화적·시대적 가치가 있는데도 쓰레기로 취급되어 사라지고 있는 것이 현실입니다.

유산·유품을 '처리 대상'으로 보게 되면 '사회적 용도'나 '미래가치' 등은 전혀 고려하지 않고 처리방법에만 관심을 두게 됩니다. 이런 현상은 고인과 유족의 결속력이 약해지거나 독거세대가 증가할수록 점점 더 심해질 것입니다.

하지만 유산·유품의 정리는 고인이 사용했던 것들을 빠짐없이 정중하게 '정리'하는 것이지 '처분·처리'가 목적은 아닙니다.

■ 유품의 종류

혼자 살던 사람의 유품이라 해도 그 양이 상당하며, 이중 그 사람이 오래전부터 간직해온 물건들도 많습니다.

1. 가전제품 : TV, 냉장고, 세탁기, 오디오, 카세트, VTR, 에어컨, 선풍기, 전자레인지, 커피포트, 독서등, 청소기, 컴퓨터, 복사기, 믹서, 전기장판, 다리미, 그 밖의 각종 가전제품

2. 가구 : 침대, 옷장, 수납장, 화장대, 장식장, 식탁, 의자, 책상, 책꽂이, 재봉틀, 선반, 신발장, 기타 각종 가구류 등

3. 생활용품 : 식기·칼·수저 등 주방용품, 수건·비누 등 욕실용품, 각종 공구류, 레저·취미생활용품류, 이불 등의 침구류, 기타 일상생활용품

4. 의류·서적 : 옷이나 각종 서적 등

5. 주택생활용품류 : 아파트나 연립주택이 아닌 일반주택 등에서 주로 집 밖의 마당 등에 있는 것들로서 연탄, 장작, 항아리(장독), 각종 용기, 기타 물품

6. 기타 생활용품류

3. 사업 전망과 과제

가. 현황

노인복지서비스에는 노인복지법에 의한 서비스와 노인장기요양보험법

에 의한 서비스가 있습니다. 두 서비스는 각각 다른 법으로 규정되어 있지만 신체적·정신적 돌봄이 주된 내용이라는 점은 공통적입니다.

앞으로 다양한 욕구나 권리에 초점을 맞춘 각종 제도와 사업들이 도입되면 독거노인 및 초고령자, 경증치매노인 관련 서비스나 존엄사, 유산·유품 관련 서비스 등 보다 다양한 서비스가 제공될 것입니다.

나. 노인 관련 새로운 사업의 출현(일본)

일본은 우리보다 먼저 초고령 사회를 맞이했고, 현재 독거노인 문제를 가장 중요한 이슈로 보고 국가적으로 노인복지, 개호보험, 성년후견, 지역지원, 지역복지권리옹호, 생활보호, 노인보건, 민생위원 등 각종 제도나 정책을 마련하고 있습니다.

민간 중심의 독거노인 관련 산업도 급증하고 있는데, 그 중 하나가 「사후(死後)대행 서비스」입니다. 인터넷산소(e-tomb)사업, 유품정리대행서비스, 임종노트 판매사업 및 명당컨설팅 등이 대표적입니다.

인터넷산소사업은 살아있는 동안 세상에 자신의 흔적을 남기고 싶은 사람들이 가입해서 개인 홈페이지처럼 자신의 과거를 기록하고 사진을 올릴 수 있게 해주는 서비스입니다.

반대로 생전 기록을 모두 없애주는 사업도 있습니다. 이것은 서비스 신청자의 온라인 정보·휴대전화·컴퓨터 상의 신상자료와 사진, 기록들을 사후에 대신 삭제해 주는 서비스입니다.

임종노트도 많은 호응을 얻고 있습니다. 죽기 전에 자신의 장례절차와 유품처분 방식, 매장지 및 이와 관련된 연락처 등을 세세하게 기록할 수 있는 일종의 「개인 장례절차 매뉴얼」입니다.

자신의 묘지를 스스로 지정할 수 있는 명당컨설팅 업체도 생겨나고 있습니다.

마지막으로 유품정리대행서비스입니다. 요시다 타이치가 처음 시작한 이후, 눈에 띄게 시장이 커지고 있습니다.

우리나라도 유품정리 대행서비스업체가 생기기 시작하면서 점점 더 많은 사람들이 관심을 갖게 될 것으로 보입니다.

다. 유산 · 유품정리서비스의 시장성

유산 · 유품정리서비스 분야의 전망이 밝기는 하지만 몇 가지 문제는 있습니다.

1) 수요자(고객) 확보의 문제

일본에서는 비용을 지불하고 유품정리서비스를 이용하는 것이 매우 자연스럽습니다. 선진국형 소득보장 체계를 기초로 하고 있는데다 죽음에 대해서도 사회적 · 문화적 · 종교적으로 충분한 준비가 되어 있습니다.

하지만 한국은 노인빈곤율이 47.2%로 OECD 회원국(평균 11.8%) 중 가장 높고, 정서적으로도 거부감을 느낄 수 있기 때문에 시장형 서비스로 제공할 경우 이용률은 기대치에 미치지 못할 것입니다.

2) 시장적 요소와 복지적 요소의 혼재

유산 · 유품정리서비스에는 시장적 요소도 있지만, 복지적 요소도 다수 포함되어 있습니다. 다시 말해 가족들의 전통적인 역할이었던 유산 · 유품정리를 사회나 국가가 대신 해준다는 개념으로 인식할 수 있습니다.

첫째 개호보험 등 유사시장quazi-market 형태인 일본과 달리 우리나라의 노인복지서비스는 노인장기요양보험 등 사회서비스 형태로서 아직까지 보편화되지 않았습니다.

둘째, 유산 · 유품정리서비스의 주요 대상층인 노인들이 대부분 저소득층입니다. 이들은 스스로 비용을 지불하고 서비스를 이용하기보다는 공적부조나 사회보험 등 무상 · 실비 복지서비스를 더 필요로 할 것입니다.

3) 전문인력의 부재

유산 · 유품정리는 폐기물관리법, 상속세법 등 관련 법규는 물론 전문적인 지식이 있어야 서비스를 제공할 수 있기 때문에 공급자들을 체계적으로 교육 · 훈련해야 합니다. 하지만 이와 관련된 교육이나 자격제도조차 마련되어 있지 않은 상태입니다.

지금부터 사무수행에 필요한 각종 지식과 정보를 습득하고 반복 · 지속적인 훈련을 통해 전문성을 높이며, 공익적 가치철학을 기반으로 서비스를 제공하려는 노력이 필요합니다.

4) 상조시장 및 유사업체와의 관계

최근 상조시장이 급속도로 성장하여 장례와 관련된 각종 사업 및 서비스를 수행하고 있습니다. 일정 규모를 갖추고 있는 상조 회사들이 유산 · 유품정리서비스를 추가로 제공할 경우, 유산 · 유품정리서비스만을 단독으로 제공하는 업체는 불리한 위치에 서게 됩니다. 또한 초기 비용이 많이 들지 않기 때문에 유사업체들의 시장 진입이 쉽다는 점 역시 위협적일 수 있습니다.

하지만 유산·유품정리는 누가 수행하느냐가 아니라 어떤 가치와 신념을 가지고 사무를 수행하느냐가 훨씬 더 중요합니다.

우리나라에서 유산·유품정리 서비스를 제공할 때는 공공·공익의 가치 철학을 기반으로 사회복지와 결합하는 것이 이 사업을 보다 활성화시킬 수 있을 것입니다.

라. 과제

1) 서비스 대상에 대한 인식 개선

많은 사람들이 유산·유품정리서비스를 죽음 이후에 제공되는 서비스로 인식하고 있고, 독거노인을 주요 대상으로 생각하는 경우가 많습니다.

하지만 일반 노인, 장애인, 호스피스 대상자는 물론이고 죽음과 관련되어 있는 모든 사람들이 이 서비스의 이용자가 될 수 있습니다.

세계 각국에서 이 서비스가 일반화되고 있는 것은 죽음을 맞이하는 사람뿐 아니라 모든 사람들에게 삶의 의미와 가치를 돌아보게 해주고 죽음 이후에도 자신의 삶의 흔적이 무의미하게 사라지지 않게 해 주기 때문입니다.

유산·유품정리서비스는 고독사나 자살, 독거노인 등에 대한 사회적 보호와도 일맥상통합니다. 고독, 우울, 역할상실, 신체·정신적 기능저하, 경제적 어려움 등 그 사람의 여러 가지 문제에 적극적으로 관여하여 이것을 일정 부분 해소함으로써 보다 건강하고 행복한 삶을 영위할 수 있도록 돕게 됩니다.

2) 서비스 접근방식에 따른 장단점 인지

사회 · 경제 · 정서적 측면에서 유산 · 유품정리서비스에 접근하는 데는
두 가지 방식이 있습니다.

① 순수 영리사업으로 접근할 경우

시장에서의 한계를 극복해야 하는 어려움이 있지만 전문성이나 물적인
혹은 인력적인 조직 등의 측면에서는 유리합니다.

② 사회서비스로 접근할 경우

대중성 · 보편성이라는 측면에서 효과적입니다. 비용에 대한 부담이 줄고,
사회정서적으로도 훨씬 자연스럽게 느끼게 됩니다. 하지만 전문성이나 시
설 · 설비, 인력 · 조직체계 등에 따라 서비스 수준이 달라지기 때문에 전
국적으로 표준화되고 통일화된 교육 · 훈련 체계를 마련해야 합니다.

3) 관련 기관 · 단체와의 연계

사회복지 관련 기관이나 단체 · 공공기관 등과 협력하는 것이 중요합니다.
첫째, 다양한 기관과의 연계를 통해 유산 · 유품정리서비스의 전문성과
조직력을 갖춰야 합니다.
둘째, 사업을 지속적 · 안정적으로 운영하기 위해서는 주거복지서비스,
장기요양서비스, 학대예방, 호스피스, 여가 · 의료 등 다양한 복지서비스

를 필요로 하는 노인복지서비스 제공기관과의 연계 · 협력은 필수입니다.

셋째, 국가 · 지방자치단체 등과 민관 협력을 통해 공공성과 공신력을 높여야 합니다.

넷째, 사료적 의미가 있는 것을 보존 · 전시하고 그 가치를 전승하려는 노력을 통해 유산 · 유품정리 사업의 가치를 높이는 것이 중요합니다.

노인복지서비스는 주로 이용자들의 생존에 초점이 맞춰져 있기 때문에 죽음과 관련된 욕구나 서비스가 부족합니다. 유산 · 유품정리서비스와의 연계를 통해 '생전'과 '사후'를 모두 지원할 수 있게 됩니다.

4. 전문가의 필요성

유산 · 유품 정리는 「누구나 할 수 있는 일」입니다. 하지만 실제로 일을 해보면 보면 유언이나 상속의 집행, 유품의 정리 · 인도, 폐기물 처분 등이 민법, 세법, 장사법, 환경법과 밀접하게 연관되어 있기 때문에 신중하게 처리해야 한다는 것을 알게 됩니다.

독거세대(독거노인)의 증가도 유산 · 유품 정리 업무를 보다 어렵게 만들고 있습니다. 무연고자가 사망하면 여러 가지 법률적 · 행정적 문제를 일괄적으로 처리해야 하는 경우가 많기 때문입니다.

자택에서 사망한 경우에는 병원이나 요양원 등과 같은 환경이 아니기 때문에 시신 반송에서부터 유산 · 유품정리, 청소, 소독, 리모델링까지 해야 할 때도 있습니다. 유족들이 이 모든 일을 다 처리할 수는 없습니다. 특히 사망자를 뒤늦게 발견해서 시신이 심하게 부패된 경우에는 더욱 그렇습니다.

우리나라는 최근 성년후견인제도를 도입하여 노령·장애·질병 등으로 법률상 행위능력이 부족하거나 부족할 우려가 있는 사람에게 재산관리나 신상보호 등 업무를 지원해줄 수 있는 법적 장치를 마련한 바 있습니다.

이로써 일반 국민은 물론 무연고자도 법정대리인을 통해 자신의 재산이나 신상을 보호받을 수 있고, 사망 이후의 다양한 법적 문제를 보다 신속하고 합리적으로 해결할 수 있는 토대가 마련되었습니다.

유산·유품정리서비스는 사후(死後)의 재산 처리의 대행뿐만 아니라 한 사람이 죽음을 앞둔 시점에서부터 그 이후까지 각 과정마다 필요한 법률·복지서비스를 종합적으로 제공하는 전문가로서의 역할을 수행해야 합니다.

가. 유산·유품정리사의 전문성

유산·유품정리사는 단순히 고인의 사망 이후 남겨진 쓰레기를 처리하거나 청소 업무를 대행하는 사람이 아닙니다.

좁은 의미에서는 「고인의 유산이나 유품을 맡아 정리·처분·양도·양수·기증하거나 상속업무 대행, 운구, 장례지원, 청소, 소독(방역), 리모델링 등 관련된 사무를 종합적·총괄적으로 맡아 대행·처리하는 자」를 말합니다. 보다 넓은 의미에서는 「본인 또는 유가족의 위임을 받아, 한 사람이 죽음을 앞둔 시점에서부터 그 이후에 이르기까지 발생할 수 있는 법률적·행정적·복지적·일상적 문제 등을 적법한 절차와 방법으로 처리하는 자」라고 정의할 수 있습니다.

따라서 유산·유품정리사는 다양한 법률적·행정적·복지적·일상적 문제를 수임할 수 있어야 하고 그러한 업무를 관련된 법률과 절차에 따라 적절하게 처리할 수 있어야 합니다.

1) 다양한 법률적 · 행정적 · 복지적 · 일상적 문제의 수임

유산 · 유품정리사는 그 특성상 노인이 주요 대상자가 될 것입니다. 따라서 유산 · 유품정리사는 기본적으로 노인의 삶과 죽음 이후의 과정에 필요한 법률적 · 행정적 · 복지적 · 일상적 문제를 수임할 수 있도록 지식이나 실무능력을 갖춰야 합니다. 죽음 이전과 이후에 일어날 수 있는 문제들은 [표 1]과 같습니다.

[표 1] 죽음 이전과 이후에 일어날 수 있는 문제들

죽음 이전	죽음 이후
유언 · 상속 등 노인과 관련된 각종 법규 · 제도 · 정책 및 서비스 등 정보 안내	사망으로 인한 법적 문제의 처리 및 장례 등의 안내 · 대행
각종 (복지)서비스를 필요로 하는 노인에 대한 상담 · 연계 · 지원 · 모니터링 및 관리	시신 처리(특히 고독사의 경우)에 관한 사항
성년후견인(임의후견인), 혹은 후견안내인으로서의 역할 등	유품 정리, 처분 또는 폐기, 인수, 재활용
	청소 · 클리닝, 리모델링 등 주거상태의 회복 또는 개선 등에 관한 업무

2) 법률과 절차에 따라 적법·적절하게 처리하는 능력

유품의 종류나 처리목적에 따라 폐기물관리법, 자원의 절약과 재활용 촉진에 관한 법률 등을 적용하거나 그에 관한 일정한 자격이 필요할 수 있습니다. 이러한 법률이나 절차를 무시하고 유품을 취급하게 되면 자칫 위법행위가 될 수도 있기 때문에 주의해야 합니다.

유산·유품정리는 단순히 '누군가를 돕는' 정도가 아니라 고인 또는 유가족의 요구를 만족시키되 법적 규제와 절차에 따라 처리하는 전문적인 사무라는 것을 기억해야 합니다.

나. 건전한 시장질서를 해치는 사례

유산·유품정리서비스 이용자가 많아지면 당연히 공급자도 늘어나게 되고 이들 중 건전한 시장질서를 해치는 사례도 생길 것입니다. 대표적인 피해 유형은 다음과 같습니다.

1) 고액의 서비스 비용, 추가비용의 부당 청구

죽음 앞에서는 누구나 혼란을 겪게 되는데, 유족들은 관련 서비스에 대한 적정 비용을 가늠하기 어렵기 때문에 이를 악용하여 고액 또는 별도 요금을 청구하는 등의 피해가 발생할 수 있습니다.

2) 유품의 불법 취득

유족에게 알리지 않고 금전적인 가치가 높은 유품을 불법 취득하는 경우도 있습니다. 서비스제공업체가 불법행위를 저지르는 경우도 있지만 유산·유품정리사가 독단적으로 불법을 행하는 경우가 더 많습니다. 고인이나 유가족의 동의 또는 승낙 없이 유품이나 현금을 취득하는 것은 형사법상 절도에 해당하며 민사법상 손해배상책임을 져야 합니다.

유산·유품정리서비스가 위임이나 도급의 성격을 띠고 있기 때문에 고인이나 유가족이 그 처분을 의뢰했다 하더라도 서비스제공자나 제공기관에게 '처분 권한'만 부여한 것이지 소유권을 넘겨준 것은 아닙니다. 따라서 서비스제공자가 임의로 처분하거나 처분한 대가를 자신이 취득하는 것은 범죄행위입니다.

고인이나 유가족 중 법적 권리가 있는 사람이 서비스제공자 또는 기관에게 그 유품의 소유권을 양도했다면 문제될 것이 없습니다. 하지만 그 때도 금전적 가치 여부와 상관없이 적법한 절차대로 처리해야 합니다(Part Ⅱ 제1장 「유산·유품정리 실무의 이해」 참조).

3) 유품의 불법 처리

유족들이 먼 곳에 살고 있거나 생계활동으로 인해 서비스제공자에게 유품정리의 취급이나 방법을 완전히 맡겼을 때 주로 발생합니다. 이럴 경우 서비스제공자가 유품을 함부로 취급하거나 고인이 공양 혹은 기증하려 했던 것을 임의대로 처분·폐기하거나 불법 투기하는 형태가 나타납니다.

이런 문제를 예방하고 우리 사회에서 유산·유품정리가 공익적이고 보편적인 서비스로 자리매김하려면 고도의 전문성과 직업적 윤리의식을 갖춘 유산·유품정리사를 양성하고 서비스제공기관이나 사업자에 대한 규제를 마련하는 등의 노력이 필요합니다.

02

유산 · 유품정리와 관련된 다양한 사회문제

1. 핵가족화 및 독거세대의 증가

저출산 · 고령화가 진행되면서 우리 사회도 가족해체가 가속화되고 있습니다. 도시화 · 산업화 · 여성의 사회진출 등으로 가족형태가 부부와 미혼 자녀로 구성된 소규모 형태로 변화되고 있습니다. 특히 자녀를 결혼시킨 이후 부부끼리만 생활하는 노인가구나 배우자의 사망으로 홀로 생활하는 노인(독거노인)의 수가 지속적으로 늘어나고 있습니다. 이러한 현상은 평균수명의 연장과 함께 앞으로도 계속될 것으로 보입니다.

2013년 통계청 자료에 따르면 65세 이상의 독거노인은 106만여 명으로 전체 노인인구의 17.2%를 차지하고 있습니다.[1] 노인 6명 중 1명이 독거노인인 셈이며 2032년에는 300만 명을 넘어설 것으로 예상하고 있습니다.

핵가족화와 독거세대의 증가는 우울로 인한 자살, 고독사와 밀접한 관련이 있기 때문에 이에 대한 사회적 관심과 국가 차원의 해결책이 필요합니다.

2. 자살 · 고독사의 증가

통계청이 발표한 2012년 사망원인 통계에 따르면 자살 사망자수는 14,160명이며, 인구 10만 명 당 자살로 인한 사망률은 28.1명에 이르는 것으로 나타났습니다. 이 중 남성의 자살률은 38.2명으로 18.0명인 여성보다 2배 이상 높았습니다.

우리나라의 자살률은 몇 년 동안 OECD 국가 중 1위이며 2위인 일본(20.9명)과도 큰 차이가 있으며, OECD 평균자살률(12.5명)보다 2배 이상 높은 수준입니다.

물론 2011년(자살률 31.7명)에 비해 약간 감소하긴 했지만 우리나라 사망원인 4위로서 여전히 심각한 사회문제 중 하나입니다.

특히 침묵의 자살silent suicide로 불리는 노인자살 비율은 2010년의 경우 60세 이상 52.7명, 70세 이상 83.5명, 80세 이상은 123.3명으로 우리나라 평균자살률의 2배에서 많게는 5배에 이릅니다. 자살충동 원인으로는 경제적 어려움, 질병, 외로움 · 고독, 가정불화 등이 대부분이었습니다.

고독사도 계속 증가하고 있습니다. 고독사란 「혼자 생활하는 사람이 질병이나 사고 등 돌발적인 사건으로 인해 사망하는 것」을 말합니다.

2012년 보건복지부 자료에 따르면 독거노인 중 고독사위험군은 약 31만 명으로 전체 독거노인의 30%에 육박하고 있으며, 그 밖에 관심이 필요한 가구도 10만여 명에 이르는 것으로 나타났습니다. 독거노인 가구

> **고독사**
>
> 고독사에 대한 사전적 의미는 없다. 하지만 '고독'이라는 말에 '세상에 홀로 떨어져 있는 것처럼 매우 외롭고 쓸쓸함', '부모 없는 어린아이와 자식 없는 늙은이'라는 의미가 있다. 따라서 '고독사'는 좁은 의미에서는 자살과 구별되는 개념이지만 넓은 의미에서는 '고독으로 인한 자살'을 포함하는 개념으로 사용할 수 있다.

수에 1인 가구 수를 더하면 453만 9천여 가구로 전체 가구 수의 25.3%에 달합니다.

서울시의 경우 2012년 한 해 동안 600~700명이 홀로 죽음을 맞았습니다. 이렇게 고독사가 늘어나는 원인은 1인 가구의 증가, 공동체 해체, 만성질환 및 외로움으로 인한 우울증 증가 때문인 것으로 보고 있습니다.

2009년 통계청 사회조사를 보면 일반노인 중 4.4%가 외로움을 가장 큰 문제라고 답했습니다. 하지만 실제로 자녀나 형제자매가 한명도 없는 노인은 7%뿐이고, 93%는 평균 3.86명의 가족이 있는데도 외로움을 느끼고 있습니다.

원인이 무엇일까요?

가족들과 일주일에 1번 이상 만나는 비율이 34.9%에 불과하고, 독거노인 중 42%가 사회적 교류가 없는 외진 곳에서 거주하는 성향이 있으며, 42.4%가 최저생계비에도 못 미치는 생활을 하고 있는 것 등이 중요한 이유로 지적되고 있습니다.

게다가 독거노인 10명 중 9명 이상이 만성질환을 한 가지 이상 앓고 있고 이 중 약 38%가 일상생활에서 타인의 도움을 필요로 하고 있다는 점도 그 원인 중 하나입니다.

최근 다른 나라에서도 이러한 무연고 사망 또는 홀로 사망하는 사례가 늘면서 사회적인 문제가 되고 있습니다. 일본의 경우, 한 해에만 약 3천 명 이상이 이러한 원인으로 사망하고 있습니다.

놀라운 것은 사망한 것을 모르고 있다가 한참 뒤에야 발견하게 되거나 가족이 고인의 연금을 받기 위해 사망신고를 하지 않는 등 일명 유령고령자도 많다는 것입니다.

노인에 대한 신체적 · 경제적인 문제도 노인의 삶의 질을 위협하지만 외로움은 노인우울증과 직결되며 이를 방치하면 자살로 이어지게 되는 심각한 문제입니다. 하지만 외로움(우울)은 신체적·경제적 문제와 함께 나타나기 때문에 자칫 소홀해지기 쉽습니다. 특히 우리나라의 노인복지 제도는 여전히 신체수발이나 소득지원 중심이기 때문에 이 문제를 해결하는 데 많은 노력이 필요합니다.

03

유산 · 유품정리사의 직업윤리

1. 들어가며

　다른 직업인 · 전문인과 마찬가지로 유산 · 유품정리사 역시 업무와 관련된 전문적 지식과 기술은 물론 올바른 직업윤리를 가지고 있어야 합니다. 직업윤리란 어떤 사람이 그 직업에 따른 직무에 대해 가져야 할 윤리적인 기준을 의미합니다. 여기에는 직업의 종류와 상관없이 모두가 준수해야 하는 공통 규범과, 개별적인 직업 특성에 관한 규범 등이 있습니다.

　유산 · 유품정리에 종사하는 사람은 기본적으로 이용자나 가족의 인생관과 가치관을 수용하고 신뢰를 바탕으로 서비스를 제공해야 합니다. 인간의 생명과 존엄성을 존중하고, 모든 법령을 준수해야 합니다.

　유산 · 유품정리사는 높은 윤리의식과 전문직업인으로서의 자긍심을 가지고 이를 실천함으로써 공익성 · 공공성을 추구할 뿐만 아니라 사회에 긍정적인 인식을 심어줌으로써 더불어 사는 사회를 만들고자 노력해야 합니다.

2. 윤리원칙

유산·유품정리 업무를 수행할 때 윤리적 혹은 법적인 의사결정을 해야 하는 상황을 만나게 됩니다. 이때 어떤 결정을 내려야 할지 몰라 당황한 다면 의뢰인과의 관계는 물론 서비스제공자인 본인 스스로도 많은 어려움을 겪게 됩니다.

유산·유품정리사는 고인이나 유가족의 다양한 문제를 실질적으로 처리해야 하기 때문에 올바른 윤리원칙에 근거하여 매순간 결정을 내려야 합니다.

이 서비스를 제공하는 과정에서 발생할 수 있는 윤리적 문제를 해결하는 데 필요한 의사결정의 원칙은 다음과 같습니다.

가. 공익우선의 원칙

공익이란 공공성을 띤 이익, 혹은 개인이나 단체가 아닌 사회구성원 전체에 대한 이익을 말합니다.[2] 유산·유품정리는 개인의 죽음과 관련하여 재산(물건)에 관한 문제를 처리해주는 정도의 서비스가 아닙니다.

이 서비스에는 고독사·자살, 독거노인 보호 등 사회복지적 요소가 있기 때문에 이를 단순히 개인적·사익적 측면에서만 바라봐서는 안 됩니다.

고인의 유품을 처리하는 경우만 보더라도 환경보전이나 유산의 사회적 전승과 환원 등과 같은 공익적 요소를 동반할 때가 많습니다.

유산·유품정리사는 서비스를 제공할 때 의뢰자의 권리나 욕구가 적법하다면 그 욕구를 침해하지 않는 범위 내에서 공익을 우선으로 사무를 수행해야 합니다.

나. 중립의 원칙

유산·유품정리사 본인의 가치나 신념, 종교에 따라 서비스를 다르게 제공하거나 이를 거부해서는 안 된다는 원칙입니다. 고인이나 유가족의 종교와 자신의 종교가 다르다는 이유로 이를 터부시하거나 갈등을 야기하거나 서비스를 중단해서는 안 됩니다. 고인이나 유가족 입장에서 이 원칙은 서비스에 대한 선택권과 자율권 보장을 의미합니다.

다. 신뢰와 정직의 원칙

유산·유품정리는 서비스제공자와 고인 및 유가족 사이에 강한 신가 바탕이 되어야 합니다. 유가족은 물론 고인도 자신의 유산이나 유품 전체를 정확하게 파악하지 못하기 때문에 특히 의뢰자가 서비스제공자를 신뢰하지 않으면 서비스가 이뤄질 수 없습니다. 유가족이 유산·유품 정리의 과정을 일일이 확인하고 지켜볼 수도 있겠지만 그런 경우는 극히 드뭅니다.

유산·유품정리사는 의(義)와 선(善)을 추구하여 과정과 결과에 정직함이 나타나도록 해야 하고 고인이나 유가족 등 의뢰인의 기대 이상의 결과가 나오도록 노력해야합니다.

라. 무해의 원칙

유산·유품정리서비스는 타인이나 사회에 해를 끼쳐서는 안됩니다. 폐기물을 임의로 취급·처분하는 등 고의적인 경우는 물론 의도하지 않은 결과에도 책임을 져야 합니다. 유산·유품정리사가 전문성이 없다면 이 의무를 다하기 어려울 것입니다.

　이 원칙을 적극적으로 해석한 것이 유익의 원칙입니다. 유산·유품정리가 개인 뿐 아니라 사회에도 유익해야 한다는 의미입니다.

　그밖에도 투사(投射), 정의, 자기결정권 존중과 같은 원칙들이 있습니다. 유산·유품정리사 개개인이나 기관은 이런 윤리원칙들을 바탕으로 서비스를 제공해야 합니다.

3. 직업윤리의 구체적 내용

유산·유품정리사의 윤리원칙에 대한 구체적인 내용은 다음과 같습니다.

[표 2] 유산·유품정리사의 윤리원칙

1	유산·유품정리사는 인종, 성별, 종교, 가치, 신념, 경제적 지위 등을 이유로 서비스 제공을 거부하거나 중단해서는 안된다.
2	유산·유품정리사는 인간에 대한 사랑·존중 및 공익을 위한 정신을 바탕으로 서비스를 제공해야 한다.
3	유산·유품정리사는 비록 고인이라 하더라도 하나의 인격체로 존중하는 태도를 유지해야 한다.
4	유산·유품정리사는 항상 예를 갖추고 친절함을 유지해야 한다. 유품정리 수행 등 서비스제공 과정 중에도 동일하다.
5	유산·유품정리사는 적법한 업무수행을 위해 지식·기술습득과 자기계발에 지속적으로 힘써야 한다.
6	유산·유품정리사는 업무 중 고인이나 유가족의 개인정보를 알게 되었을 때 이를 함부로 누설하거나 이용해서는 안 된다.
7	유산·유품정리사는 고도의 전문 지식이 요구되는 내용에 대해서는 직접 판단하거나 조언하지 말고 전문가와 상담할 수 있도록 도와야 한다.
8	유산·유품정리사는 정해진 비용 외에는 어떤 대가도 요구하거나 받아서는 안 된다.

1) 통계청의 「2013 고령자 통계」에 의하면 65세 이상 노인인구는 613만 7702명으로 전체 인구의 12.2%를 차지하고 있다.

2) 장봉석, "노인장기요양서비스의 공공성 강화를 위한 방안", 노인장기요양보험 공공성 확대방안 세미나(한국재가노인복지협회, 2012)」, pp 27 ～ 28, 이와 같은 맥락에서 공공성의 의미에 대해서는 조한상, "헌법에 있어서 공공성의 의미", 공법학연구(제7권, 제3호, 2006) 참조.

Heritage Consolidator

Part II

유산·유품정리 실무

유산·유품정리사는 본인이나 유가족에게 위임받아 한 사람의 죽음 이전 단계에서부터 그 이후까지 발생할 수 있는 다양한 법률적·행정적·복지적·일상적 문제를 적법한 절차와 방법으로 처리하는 사람으로서 높은 전문성과 윤리의식이 요구됩니다.

이러한 전문성은 기본적 소양과 지식을 바탕으로 해당 업무의 모든 과정과 절차 및 결과가 적법하고 적절하게 이뤄질 때 획득됩니다.

유산·유품정리사가 갖추어야 할 기본적 소양과 서비스의 실제를 알아보고, 각각의 과정 및 유산·유품정리 시 유의사항에 대해 살펴보고자 합니다.

01

유산 · 유품정리 실무의 이해

1. 유산 · 유품정리 실무수행의 기본적 소양

유산 · 유품정리는 민사법적인 문제를 비롯하여 다양한 법률적인 문제와 밀접한 관련이 있습니다. 이 내용을 숙지하고 적법하게 사무를 처리해야 합니다. 또한 공익우선의 원칙, 중립의 원칙, 신뢰와 정직의 원칙 및 무해의 원칙 등 높은 윤리의식을 가져야 합니다.

이를 바탕으로 구체적인 실무수행에 있어서 유산 · 유품정리사가 갖춰야 할 기본소양에 대해 살펴보겠습니다.

가. 고인과의 계약 및 유가족의 판단을 최우선으로 고려하기

대부분의 유가족들은 서비스제공자에게 유산 · 유품정리를 완전히 의뢰하거나 일부 의뢰하더라도 의뢰자가 특정한 몇 가지를 제외한 업무 대부분을 위임하려고 할 것입니다.

유산·유품정리사는 상황에 따라 결정을 내려야 하는데 이때 '내가 판단한 대로 처리하면 되겠지'라고 생각하기 쉽습니다. 특히 유가족이 고인의 의사와 상관없이 유산·유품 정리를 의뢰하는 경우에는 더욱 그렇습니다.

물론 고인이 유언으로 유산 및 유품의 처분 또는 처리방법 등을 분명하게 명시했을 경우에는 그것을 따르면 됩니다. 하지만 모든 부분이 다 명시되어 있지는 않을 것이고, 그렇다 할지라도 유가족과 이견이나 분쟁이 발생할 수 있기 때문에 유가족이나 유산·유품정리사의 판단과 결정에 따라 사무가 이루어지게 됩니다.

이때 유산·유품정리사는 가능한 한 자신의 판단만 믿고 결정하거나 처리하지 않도록 해야 합니다. 유산·유품의 저리 및 처분에 관한 모든 권리가 자신이 아닌 유가족에게 있다는 것을 기억해야 합니다.

간혹 의뢰자가 유산·유품정리사 본인이나 소속 서비스제공기관과 친인척 등 친밀한 관계일 수도 있지만 이때도 서비스제공자가 임의로 결정하거나 처분해서는 안 됩니다. 유산·유품을 정리할 때는 반드시 고인이나 유가족의 판단을 최우선으로 고려해야 합니다.

정리과정에서 조금이라도 불명확하거나 의심되는 사항이 있다면 반드시 유가족, 특히 법적인 권리가 있는 사람에게 설명하고 확인을 받은 뒤에 진행해야 합니다.

유산·유품에 대한 유가족의 판단과 서비스 담당자의 생각이 다를 때가 많고, 유가족이 전적으로 판단을 맡겼다 해도 본인 마음대로 결정해도 된다는 생각은 하지 않도록 주의해야 합니다.

한편 고인과 계약한 내용과 유가족의 의뢰가 서로 다를 때는 먼저 고인과 계약한 내용의 법적 효력 여부를 검토해야 합니다. 고인과의 계약에 법적 효력이 있거나 법으로 강제하고 있는 경우에는 유가족에게 그 취지와 내용을 충분히 설명하고 사무를 처리해야 합니다. 이때 유가족과 갈등이 생기지 않도록 하는 것이 중요합니다.

고인의 유언이나 계약 내용에 법적 효력이 없거나 유가족의 요구가 적법하다면 유가족의 의견을 따르되, 고인의 취지도 고려하여 적절하게 조정·처리해야 합니다.

나. 사무와 관련된 법률·규제 등을 정확하게 따르기

유산·유품정리를 물건을 버리거나 처분하는 정도로 여기게 되면 법률이나 관련된 규제 등을 고려하지 않고 업무를 진행할 위험이 있습니다.

실제 업무에 들어가서 유품을 처분할 때 폐기물관리법이나 전기·전자제품 및 자동차의 자원순환에 관한 법률을 적용하거나 유가족이 재활용·반환을 요구하는 과정에서 관련 법률과 밀접한 관계가 있다는 것을 알게 됩니다.

폐기물처리나 수집·운반업자나 재활용에 관한 업무를 수행하는 사람이 아닌 한 그 사무를 처리하는 데 많은 어려움을 겪게 될 것입니다.

유가족(상속인)이 없거나 불명인 상태에서 유산·유품을 정리해야 하는 경우에는 더 많은 법률적 문제가 발생할 수 있습니다.

법에서 정한 바에 따라 유산·유품정리를 수행해야 한다는 인식이 매우 중요합니다.

다. 선량한 관리자로서 주의의무를 다하기

유산·유품정리는 선관주의 의무는 물론 위임이나 도급, 임치 등의 법적 성격을 지니게 됩니다.

선관주의 의무란 민법의 위임에 관한 규정 등에 명시되어 있는 것으로서 채무자의 직업이나 사회적 지위에 따라 일반적·객관적으로 요구되는 정도의 주의입니다.

예를 들어 일정 비용을 받고 도자기를 보관하고 있는 골동품보관업자는 선관주의 의무를 지게 됩니다. 하지만 이 사람이 무료로 도자를 보관해주고 있는 경우에는 자기재산과 동일한 주의의무를 지게 됩니다.

또한 위임은 고인이나 유가족이 서비스제공사에게 유산·유품 정리에 관한 사무의 처리를 위탁하고, 서비스제공기관 또는 유산·유품정리사가 이를 승낙함으로써 효력이 발생하는 형태입니다.

도급이란 유산·유품정리사가 유가족에게 의뢰받은 일을 완료할 것을 약정하고 유가족은 그 보수를 지급할 것을 약정함으로써 효력이 발생하는 것을 말합니다.

유품정리 중에 발견된 현금을 보관하거나 유가족의 요청으로 고인의 유품을 보관하는 경우에는 임치에 관한 규정이 적용됩니다. 임치란 당사자 중 한쪽이 보관을 부탁한 사람의 금전, 유가증권, 물건 등을 보관해주는 계약을 말합니다. 이때도 역시 물건을 무료로 보관하는 경우에는 '자기재산과 동일한 주의'를 다해 보관하면 되지만, 비용을 받고 보관하는 경우에는 선량한 관리자의 주의의무로 보관해야 합니다.

한편 서비스제공 기관이 유산·유품을 매입하는 경우에는 매매에 관한 규정 등이 적용됩니다.

고인이나 유가족 등은 현금과 같이 금전적 가치가 분명하거나 의미가 있는 물건은 그 상태 그대로 돌려받기를 원하지만 금전적 가치나 의미가 없는 것은 처리하거나 폐기해주기를 바랄 것입니다.

유가족이 유산·유품의 정리 전반을 맡겼든, 부분을 맡겼든 서비스제공자는 업무 과정에서 판단을 내리게 되고 그 결정에 따라 결과가 달라집니다.

이는 이사대행서비스나 폐기물처리서비스 등과 달리 유산·유품정리사만의 고유한 업무 영역이 있다는 것을 의미합니다. 이사대행이나 폐기물처리서비스도 일종의 위임이나 도급의 성격이 있지만 서비스제공자에게 높은 수준의 판단이 요구되지는 않습니다.

이사대행은 모든 물건을 현 상태 그대로 위임인이 의뢰한 장소로 옮기는 것이 목적이고, 폐기물처리서비스는 그 대상을 법령이나 폐기물처리 기준에 따라 처리하는 것입니다.

하지만 유산·유품정리는 서비스제공 당시 의뢰자가 사망한 상태이기 때문에 이사대행이나 폐기물처리 등과 달리 유품을 체계적·효율적으로 정리하는 데 목적을 두고 유가족 등이 결정한 처분방법에 따라 처리해야 합니다.

그 사무가 종결되는 시점까지 유산·유품 일체를 선관주의 의무에 입각하여 보관해야 합니다.

라. 유족의 입장에서 사무 처리하기

업무의 모든 과정에서 유가족의 의사와 입장을 고려하여 결정하려는 자세가 필요합니다.

유산·유품을 정리할 때 유가족이 전혀 예상치 못한 귀중품이나 금전, 통장 등이 발견될 수도 있고 고인이 가족에게 쓴 편지 등도 있을 수 있습니다. 업무를 빨리 처리하는 데만 신경쓰다 보면 이런 것들을 놓치기 때문에 내 가족이나 나 자신의 유산·유품을 정리한다는 마음가짐을 유지해야 합니다.

하지만 관련 법규 및 절차를 위반하거나 유가족에게 손해를 끼칠 수도 있기 때문에 위험요소가 있을 때는 미리 그 사실을 고지하고 적법하게 사무를 진행해야 합니다.

2. 유산·유품정리 과정과 실제

유산·유품정리는 상담·의뢰, 견적조사, 계약, 서비스 준비·통지, 서비스 제공 및 종결 등으로 나눌 수 있습니다.

[그림 2] 유산·유품정리의 진행 과정

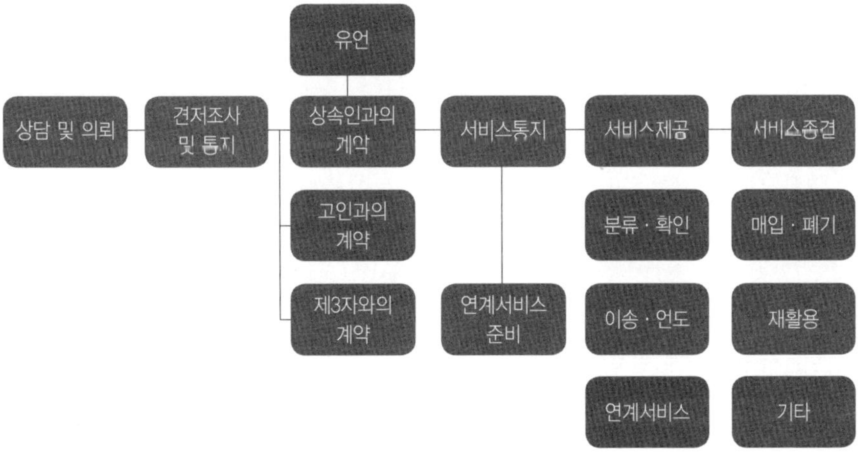

고인의 유언이나 계약을 통해 서비스제공기관이 상속인과 동일한 권리를 부여받았다면 상속이나 유증에 관한 일반적인 절차와 유산·유품정리 방법에 따라 처리하면 됩니다. 하지만 그렇지 않은 경우에는 절차가 매우 복잡해집니다.

또한 유산·유품을 정리할 때 폐기물처리비용 등 일정 비용이 발생하는 경우 상계의 문제도 생기게 됩니다. 이렇듯 여러 가지 법률적인 문제들이 발생할 여지가 있기 때문에 반드시 법률전문기관 등과 연계·협력하여 서비스를 제공해야 합니다. [그림 2]는 유가족이나 상속인이 있는 경우의 일반적인 유산·유품정리 진행과정입니다.

가. 상담 및 의뢰

고인이나 유가족의 의뢰나 상담은 사무실 내방, 전화, 온라인 등 여러 가지 형태로 이뤄질 수 있습니다. 의뢰자의 요청으로 서비스제공자가 가정을 방문하는 경우도 있습니다. 유가족 외에도 장례식장, 고인이 임차하고 있던 건물의 소유자 또는 관리자, 업무와 관련된 기관·단체·업체 및 읍·면·동사무소를 비롯한 행정기관 등도 상담 및 의뢰를 신청할 수 있습니다.

나. 견적 조사 및 통지

서비스제공자는 의뢰나 상담 내용에 따라 소요비용을 산출합니다. 인건비, 사무수행에 필요한 직접 비용, 폐기물 처리 비용, 부수적 사무비 등을 고려하여 견적을 조사하고 의뢰자에게 결과를 통지합니다.

견적을 내는 데 필요한 구체적인 사항들은 다음과 같습니다.

1) 인건비

업무량을 정확히 파악하여 필요 인원을 적정하게 배치하는 것이 중요합니다. 정리할 유품의 양에 따라 몇 명의 인원이 얼마간 수행할 것인지 결정합니다. 특히 유품은 거주지의 위치, 상황, 물건의 종류와 수량, 예측 가능한 범위 내에서의 물건의 구분이나 정리방법 등을 함께 고려해야 보다 정확하게 산출할 수 있습니다.

유산인 경우에는 전문인으로서의 노무비나 소요되는 수수료 등에 대해 합리적인 기준을 제시해야 합니다.

비영리사업자가 견적을 낼 경우에는 인건비 중 직접비 외의 비용 즉 사업자부담금(보험료, 퇴직적립금 등)을 빠뜨리지 않도록 주의해야 합니다.

2) 사무수행에 필요한 직접 비용

사무를 수행하는 데는 포장박스, 반송 및 사다리차, 법무대행료 등 상황별로 다양한 비용이 발생하기 때문에 산출 방법도 다양합니다. 이런 비용을 과도히지 않게 책정하는 것이 중요합니다.

3) 폐기물 처리비용

주로 일반폐기물의 수집·운반 및 처리 등에 필요한 비용입니다. 모든 유품이 폐기물은 아니기 때문에 먼저 유가족이 재활용·기증·반환하거나 기관에서 매입하기를 원하는 물건들을 제외한 뒤에 수집·운반 등의 처리 비용을 산출해야 합니다. 이때 해당 법규나 담당기관(행정기관), 사업자 및 관할지역 등에 따라 비용이 다르므로 소요 비용의 기준·단가 등을 명확하게 제시해야 합니다.

견적을 산출할 때는 유가족들이 폐기물의 양과 비용 등을 예측할 수 있게 해 주어야 합니다. 하지만 정확한 비용을 예측하기가 어렵기 때문에 이 비용에 대해 별도의 계약을 하거나 유가족 등이 폐기물처리 비용을 해당 업자에게 직접 지불하도록 하는 방법도 있습니다.

4) 부수적 사무비용

종종 의뢰자가 유산·유품정리 이외의 업무를 의뢰하는 경우도 있습니다. 이럴 때는 시신처리, 유품의 재활용·기증, 유품의 공양 및 소각, 거주지 청소·제취·소독·리모델링 등에 드는 비용을 업무 비용에 포함시켜야 합니다.

고인이 살던 집이나 방을 청소하는 등의 업무는 유산·유품정리의 본질적인 사무는 아니지만 넓은 의미에서 포함되는 것으로 보아야 합니다.

고독사로 오랫동안 시신이 방치된 상황일 때 의뢰인이 특수청소, 제취, 소독 등을 요청할 경우 서비스제공자는 이를 위한 인력이나 장비 등을 갖추고 직접 서비스를 제공할 수도 있고, 해당 지역에서 그 업무를 하고 있는 기관과 연계·협력하여 서비스를 제공할 수도 있습니다.

어떤 형태로 처리하든 서비스제공기관은 견적조사 시 부수적 비용을 명확하게 제시해야 합니다.

5) 기타 비용(상계비용)

인건비, 직접비, 폐기물처리비, 부수적 비용 등은 제공한 서비스에 대한 비용입니다. 반면 재활용품 매입비 등은 서비스제공자가 유가족에게 지불해야 하는 비용입니다.

유품 중에는 재활용이나 판매가 가능한 물건들이 있습니다. 유가족이 직접 판매할 수도 있지만 기관에 매입을 의뢰할 수도 있습니다. 이것 역시 부수적 서비스와 마찬가지로 해당 기관이나 다른 기관을 통해 제공할 수 있습니다.

단 서비스제공기관이 이를 직접 매입하는 경우에는 서비스제공비용과 상계 문제가 발생하게 되어 절차가 복잡해 질 수 있습니다. 따라서 이런 부분은 별도로 계약하는 것이 더 바람직합니다.

다. 계약

고인이나 유가족이 유산·유품정리 내용에 합의할 경우 계약을 체결합니다. 계약 상대는 대부분 유족이나 고인이지만 이해관계가 있는 기관 또는 그 기관의 대표자와 계약을 체결하는 경우도 있습니다.

계약 내용에는 유산·유품정리에 관한 본래 업무 외에도 시신 처리, 유품의 재활용·기증 또는 종교적 신념에 따른 유품의 공양이나 소각, 고인이 생활하던 거주지 청소·제취·소독·리모델링 등 여러 가지 부수적 서비스가 포함될 수 있습니다.

이럴 경우 유산·유품정리사의 업무범위를 명확하게 정해야 합니다. 시신 처리 등의 부수적 서비스는 유산·유품정리 고유 업무는 아닙니다. 서비스 제공자가 해당 업무를 겸하고 있거나 유산·유품정리사가 이에 대한 기본적 소양이나 그 이상의 전문적 지식을 보유하고 있다 하더라도 말입니다.

하지만 현실적으로는 유산·유품정리사의 고유 업무와 부수적 업무를 명확히 구분하거나 부수적 서비스를 거절하기 어렵기 때문에 실무현장에서 각 사례에 따라 대응할 수밖에 없습니다.

라. 서비스 준비 및 통지

계약 체결 후 서비스를 제공하기 전까지 서비스제공자는 견적을 바탕으로 제공할 서비스를 점검·확인하고 서비스제공 당일 도착시간 등 계약서에 기초한 여러 사항들을 유가족 등에게 통지해야 합니다.

다른 기관 혹은 사업자 등과 연계하는 경우에는 업무내용을 미리 협의하고 조율해야 합니다.

유산이나 폐기물은 법·행정적 절차, 인·허가 및 처리 등에 대한 각종 규제가 많기 때문에 절차와 방법 등을 정확히 인지하고, 적합한 사업자와 협력하여 이를 처리해야 합니다.

폐기물을 운반하는 경우 당일 몇 시에 일을 처리할 것인지 미리 협의가 되어 있으면 업무를 효율적으로 처리할 수 있습니다. 해당 분야의 전문가 또는 전문업체를 확보하는 것이 중요합니다.

마. 서비스 제공 및 종결

유산 관련 서비스를 제공할 때는 주로 법률·행정적 절차나 실무가 주를 이루기 때문에 변호사나 법무사 등과 협의하여 진행해야 합니다.

유품인 경우 다음의 과정을 거치게 됩니다.

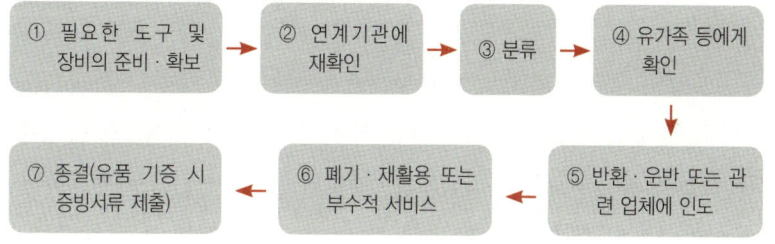

① 필요한 도구 및 장비의 준비·확보 → ② 연계기관에 재확인 → ③ 분류 → ④ 유가족 등에게 확인

⑦ 종결(유품 기증 시 증빙서류 제출) ← ⑥ 폐기·재활용 또는 부수적 서비스 ← ⑤ 반환·운반 또는 관련 업체에 인도

1) 필요한 도구나 장비의 준비·확보

ㄱ. 유품을 품목별로 담을 수 있는 상자, 장갑, 테이프, 칼, 가위, 작업용 끈, 청소도구, 마스크 및 그밖에 업무에 필요한 각종 도구
ㄴ. 차량, 고층건물인 경우에는 사다리차 등
ㄷ. 폐기물을 담을 수 있는 전용박스 또는 쓰레기봉투
ㄹ. 투입인력에 대한 분야별 역할 부여·확인 등

유품을 담을 상자는 투명한 재질보다는 안이 잘 보이지 않는 불투명한 포장박스를 사용하는 것이 좋습니다. 상자의 크기를 다양하게 제작해서 서비스제공자나 유가족 등을 배려해야 합니다.

폐기물을 담을 전용 상자가 필요할 때는 관련 업체에 미리 주문해두는 것이 좋습니다.

2) 연계기관에 재확인

부가서비스가 포함된 의뢰이거나 다른 업체와 연계해야 하는 경우에는 반드시 일정과 역할을 재확인하여 업무 혼란과 손실을 방지해야 합니다.

3) 분류

거주지에 있는 유품을 정리할 때는 옷장, 냉장고, 신발장, 거실, 주방에 있는 물건을 종류별로 구분하되 작은 것부터 큰 물건 순으로 진행하면 효과적으로 분류할 수 있습니다.

유품 중에는 유가족에게 특별한 의미가 있는 물건들도 있기 때문에 의뢰자의 요구나 지시를 수용하면서 업무를 진행해야 합니다.

4) 유가족 등에게 확인

분류를 마친 물건을 유가족 등에게 직접 확인 받도록 합니다. 직접 확인이 어렵다면 서비스제공기관에서 보관하고 있다가 이후에 유가족이 이를 확인하도록 해야 합니다. 의뢰자가 그 취급을 전부 위임했을 경우에는 담당자가 이를 판단하여 처리하고 과정과 결과를 통지해야 합니다.

5) 반환 · 운반 또는 관련 업체로 인도

분류 · 확인된 유품 중 유가족 등이 반환을 요청한 경우에는 물건의 목록과 상태 등을 기록한 문서를 첨부하고, 현 상태 그대로 반환하고 의뢰자에게 불필요한 물건은 기관으로 운반하거나 또는 관련 업체에 인도합니다.

6) 폐기 · 재활용 또는 부수적 서비스

폐기물은 대부분 폐기물처리업체나 운반업체에 인도하면 되지만 간혹 일정한 장소나 시간에 유품을 소각(공양)해달라고 요청하기도 합니다. 서비스제공기관이 재정적으로 능력이 있다면 소각(공양)시설을 미리 갖추어놓는 것도 좋습니다.

가전제품을 비롯한 여러 가지 생활용품은 재사용이 가능하므로 이를 재활용하거나 중고시장에 내놓을 수 있습니다. 사회복지기관에 기증하도록 권장하는 것도 좋은 방법입니다. 환경적으로나 비용 면에서 긍정적인 효과를 얻을 수 있습니다.

7) 종결

서비스의 종결은 계약이나 서비스제공과 마찬가지로 중요한 과정입니다. 이 단계에서 기관이나 담당자는 의뢰자의 요구와 관계없이 업무처리 과정, 내용, 결과 등을 최대한 자세히 기록하여 제시해야 합니다.

유품의 매각 · 재활용 · 기증 · 폐기 등을 목적으로 관련 기관에 인도하거나 서비스제공기관이 직접 인수한 경우에는 그에 관한 증빙서류나 자료 등도 빠짐없이 구비해야 합니다. 유품의 매각 · 재활용으로 발생한 금액도 반환해야 합니다.

□ 상황

- A씨는 가족과 떨어져서 보증금 1,200만원에 월 10만원씩 내는 집에서 혼자 살고 있습니다. 00재가노인복지센터에서 주1회 서비스를 받고 있습니다.
- 며칠 전부터 연락이 되지 않아서 걱정하고 있던 센터직원이 직접 집으로 찾아갔을 때 A씨가 숨져있는 것을 발견했습니다.
- 곧바로 경찰에 신고했고 사망 원인은 뇌출혈로 밝혀졌습니다. 사망 시기는 약 2, 3일 전인 것으로 확인되었습니다.
- 센터에서는 유족들과 유산·유품서비스제공기관에 연락했고, 장례를 마친 뒤 유족들과 만나 보증금을 비롯한 유품처리에 관해 논의했습니다.

□ 사무과정 및 결과

- A씨의 방에는 음식물 쓰레기가 여기저기 흩어져 있었고 여러 가지 물건들이 널려 있었습니다. 업무 시간의 대부분을 쓰레기 처리와 제취에 할애합니다.
- 유품을 정리할 때는 종류별·품목별로 구분하여 진행하고, 특히 유족들에게 필요할 것 같은 물건은 구분하여 정리합니다.
- 유족이 멀리 있어 올 수 없기 때문에 전화로 그 과정과 내용을 확인하고 동의를 얻어 유품을 처리합니다.
- 유족에게 반환해야 할 유품은 사진 등과 함께 택배로 송부하고 생활용품 중 가전제품은 인근 재활용센터를 통해 수거하도록 하고, 쓰레기는 폐기물수집운반업자를 불러 처리합니다.
- 이 중 일부 유품은 유족들이 해당 서비스제공기관에 기증했기 때문에 이를 보관하기로 합니다.
- 3명이 약 4시간 동안 작업했고 마지막에 방청소·제취·소독을 실시합니다.
- 유족에게 유품을 반환할 때 작업사진을 첨부한 사무종결보고서 등을 송부하고 사무를 마칩니다.
- 한편 A씨의 보증금에 대해서는 임대인과 함께 임대차계약서와 매월 지급한 월 사용료 내역 등을 확인하고 이를 상속절차에 따라 먼저 유족(상속권자)에게 임차권을 귀속시키는 한편, 유족들이 보증금을 반환받을 수 있게 지원합니다.

□ 상황

- 고인 M씨(남, 81세)의 아들인 B씨가 해당 유산·유품서비스제공기관에 유품 정리를 의뢰했습니다.
- M씨는 B씨와 멀리 떨어져 있는 시골의 본인 소유 주택에서 혼자 살고 있었습니다. 집의 규모는 약 30여 평 내외이고, 방과 마당에는 생활도구와 물건들이 상당히 많았습니다.

□ 사무과정 및 결과

- 해당 기관이 지원과 B씨는 함께 M씨의 집에 찾아가 유품의 종류와 내용 및 B씨의 요청사항 등을 확인하고 이를 토대로 견적을 산출, 제시합니다.
- B씨는 의뢰 당시 M씨의 유품 대부분을 쓰레기로 여기고 있었기 때문에 이를 신속하게 처리해줄 것을 요구합니다.
- 기관은 즉시 고물영업자, 해당 관공서 등에 연락을 취하고 고물이나 폐기물의 종류·내용 등에 관해 협의, 협조를 요청합니다.
- 이튿날 3명의 직원이 방문하여 B씨가 참관하는 가운데 유품정리업무를 진행합니다. 정리 중 M씨의 사진첩 등 몇 가지 의미 있는 유품이 발견되어 이를 유가족에게 전달합니다.
- 또한 견적조사 때와는 달리 B씨가 냉장고, 항아리 등을 반환 요청했기 때문에 품목별로 해당 유가족의 집까지 직접 송부, 인계합니다.
- M씨가 사용하던 물품 중 연탄이나 몇몇 집기에 대해서는 그 지역의 저소득 가정이나 사회복지시설 등에 기증할 것을 권유하고, 해당 단체니 시설에는 유가족 이름으로 후원되도록 처리합니다.
- 약 8시간에 걸쳐 업무를 진행했지만 관공서의 폐기물수거나 단체의 연탄수거 등의 업무는 다음 날까지 진행됩니다.
- 모든 사무가 완료됨에 따라 B씨에게 작업사진을 첨부한 사무종결보고서 등을 전달하고 종결합니다.

02

유산·유품정리 시 유의사항

유족이라고 고인의 모든 유품을 다 파악하고 있는 것은 아닙니다. 고인과 따로 생활한 경우라면 더욱 그렇습니다. 이것이 유산·유품정리서비스 사용을 꺼리는 이유가 되기도 합니다.

따라서 서비스제공자는 유산·유품의 분류, 운반, 인도, 소각, 폐기 등 모든 과정에서 신뢰감을 줄 수 있는 체계를 구축하고 이를 표준화해야 합니다. 나아가 서비스 및 제공 기관의 공공성과 공신력을 확보할 방안을 마련해야 합니다.

유품정리서비스를 제공할 때는 유품의 취급과 감염 등에 주의해야 합니다.

고인이 자택에서 사망한 경우 혈액, 분뇨, 오래된 음식물 등으로 인해 벌레나 해충이 생기거나 악취가 날 수 있습니다. 약물로 인한 자살인 경우 유독물질이 남아있을 수도 있습니다.

이런 상황에서는 먼저 환기를 시켜서 유해 요인을 제거한 후 작업을 진행해야 하며, 장갑, 마스크, 가운 등 감염을 예방할 수 있는 보호장구를 착용해야 합니다.

Part Ⅲ

유산 · 유품정리사업과
관련 법률

유산 · 유품정리서비스는 계약 이전 단계에서부터 유산 · 유품정리, 종결에 이르기까지 관련 법령의 적용 및 규제를 받게 됩니다. 따라서 본 사업에서 발생할 수 있는 법적 문제들을 이해하고 적법하게 업무를 수행해야 합니다.

유산 · 유품정리에 관한 법적 문제는 민사법 · 세법적 문제, 장사법 및 환경법적 문제로 구분할 수 있습니다.

민사법 · 세법적 문제는 '고인의 유산'과 밀접하게 관계되어 있습니다. 유언과 상속, 성년후견 등의 규정이 이 사업에 영향을 미칠 수 있고, 계약, 공증, 분쟁 등 실무적인 문제들이 발생할 수 있습니다.

장사법은 유산 · 유품정리서비스(사업)와 직접 관련은 없지만 고인의 죽음이라는 공통점이 있기 때문에 기본적인 장례 관련 법률도 충분히 숙지해 두어야 합니다. 더불어 장례행정이나 절차 등을 알아두는 것도 큰 도움이 됩니다.

환경법은 '고인의 유품'과 직접적으로 관련되어 있습니다. 적절한 서비스를 제공하려면 각종 물품의 재활용, 폐기물처리법 등을 잘 알고 있어야 합니다.

이번 파트에서는 유산 · 유품정리와 관련된 법률에 대해 살펴보겠습니다.

환경법론

01

폐기물관리법(유품정리를 중심으로)

1. 폐기물이란?

오니(汚泥)

하수구에 고는 진흙. 수중의 침전물질이 침전되어 있을 때의 물질로서 슬러지라고도 한다. 하천이나 호수 등에서는 오염물질이 침전되어 오니가 되기도 한다.

폐산(廢酸)

지정폐기물로서 사업활동에서 생긴 각종 산성 폐액을 말한다. 황산·염산·질산·초산(酢酸)·수산(蓚酸)·구연산. 알코올 발효폐액, 에칭(etching)액, 염색폐액, 사진정착액, 유기합성폐액 등 pH(수소이온농도) 2.0 이하인 것들이다.

폐알칼리

사업장폐기물의 일종으로 알칼리성 폐액을 말한다. 알칼리성 도금폐액·병세척폐액·암모니아폐액·머서화가공폐액·사진현상폐액·황화나트륨폐액 등 pH 12.5 이상인 것들이다.

폐기물이란 쓰레기, 연소재(燃燒滓), 오니(汚泥), 폐유(廢油), 폐산(廢酸), 폐알칼리 및 동물의 사체(死體) 등 사람의 생활이나 사업활동에서 필요하지 않게 된 물질이라고(제2조 제1호) 규정하고 있습니다.

폐기물에 관한 법률은 현대사회의 산업화, 공업화로 인해 대량 발생하는 폐기물과 관련된 문제를 해결하기 위해 제정되었습니다. 이 법률은 폐기물의 발생을 억제하고 이를 친환경적으로 처리하여 환경보전과 국민생활을 질적으로 향상시키는 데 그 목적이 있습니다. 우리나라도 다른 나라들과 마찬가지로 자원순환형 사회로의 전환이 중요 현안이 되었고 자원순환형 폐기물관리체계를 구축하기 위한 노력을 기울이고 있습니다.[1]

폐기물에 관한 법률에는 폐기물관리법을 기본법으로 방사성폐기물관리법, 자원 절약과 재활용 촉진에 관한 법률, 건설폐기물 재활용 촉진에 관한 법률, 전기 · 전자제품 및 자동차의 자원순환에 관한 법률, 폐기물의 국가 간 이동 및 그 처리에 관한 법률, 폐기물처리시설 설치 촉진 및 주변지역지원 등에 관한 법률, 녹색제품 구매촉진에 관한 법률 등이 있습니다.

Q[02] '사람의 생활이나 사업활동에 필요하지 않게 된 물질'이란?

A[02] 다음 중 하나에 해당하면 폐기물로 봅니다.

① 누군가가 버렸거나 버리려 하는 것(주관성)
② 사회통념상 사용가치가 없다고 볼 수 있는 것(객관성)을 의미하는 것

예를 들어 어떤 사업체에서 발생한 물건이 폐기물이 되지 않으려면 사업체에 그 물건을 버리려는 의사가 없어야 하고 객관적으로도 사회 내에서 사용가치가 있어야 합니다.

Q⁰³ 오염된 토양도 폐기물인가요?

A⁰³ 판례에 따르면 부동산은 폐기물이 될 수 없고 동산만 폐기물로 취급됩니다. 오염된 토양은 정화의 대상이지 폐기 대상은 아닙니다. 하지만 건물인 경우 본래의 용도를 다하여 철거되면 더 이상 부동산이 아니라 동산이기 때문에 폐기물로 취급합니다.

2. 폐기물의 종류

폐기물은 크게 사업장폐기물과 생활폐기물로 구분할 수 있습니다.

사업장폐기물은 대기환경보전법, 수질 및 수생태계 보전에 관한 법률이나 소음·진동관리법에 따라 배출시설을 설치·운영하는 사업장이나 그밖에 이 법 시행령 제2조에서 정한 사업장에서 발생하는 폐기물을 말합니다(제2조 제3호).

그 유해 여부에 따라 지정폐기물과 일반 사업장폐기물로 나눌 수 있고 지정폐기물은 다시 의료폐기물과 그 외의 지정폐기물로, 일반 사업장폐기물은 사업장에서 발생하는 일반폐기물과 건설폐기물[2]로 구분할 수 있습니다. 사업장폐기물을 제외한 폐기물은 생활폐기물입니다.

지정폐기물이란 특정한 사업장에서 발생하는 폐기물 중 폐유·폐산 등 주변 환경을 오염시킬 수 있거나 의료폐기물 등 인체에 위해를 줄 수 있는 해로운 물질을 말하는데, 그 종류는 대통령령으로 정해두고 있습니다.

의료폐기물은 보건 · 의료기관, 동물병원, 시험 · 검사기관 등에서 배출되는 폐기물 중 인체에 감염 등 위해를 줄 우려가 있는 폐기물과 인체조직 등 적출물, 실험동물의 사체 등 보건 · 환경보호 차원에서 특별한 관리가 필요하다고 인정되는 폐기물을 말합니다. 노인복지 및 유산 · 유품정리사업과 관련이 있다고 볼 수 있는 의료폐기물의 종류 및 발생 의료기관이나 시험 · 검사기관 등은 다음과 같습니다(시행령 별표 2 및 시행규칙 별표 3).

■ 의료폐기물의 종류

1. 격리의료폐기물 : 「감염병의 예방 및 관리에 관한 법률」 제2조 제1호의 감염병으로부터 타인을 보호하기 위해 격리된 사람에 대한 의료행위에 의해 발생한 각종 폐기물

2. 위해의료폐기물

   ㄱ. 조직물류폐기물 : 인체 또는 동물의 조직 · 장기 · 기관 · 신체의 일부, 동물의 사체, 혈액 · 고름 및 혈액생성물(혈청, 혈장, 혈액제제)
   ㄴ. 손상성폐기물 : 주사바늘, 봉합바늘, 수술용 칼날, 한방침, 치과용침, 파손된 유리재질의 시험기구

3. 일반의료폐기물 . 혈액 · 체액 · 분비물 · 배설물이 묻어있는 탈지면, 붕대, 거즈, 일회용 기저귀, 생리대, 일회용 주사기, 수액세트

1. 「의료법」 제3조에 따른 의료기관
2. 「장사 등에 관한 법률」 제29조에 따른 장례식장
3. 「노인복지법」 제34조 제1항 제1호에 따른 노인요양시설

[그림 3] 폐기물의 분류와 처리체계

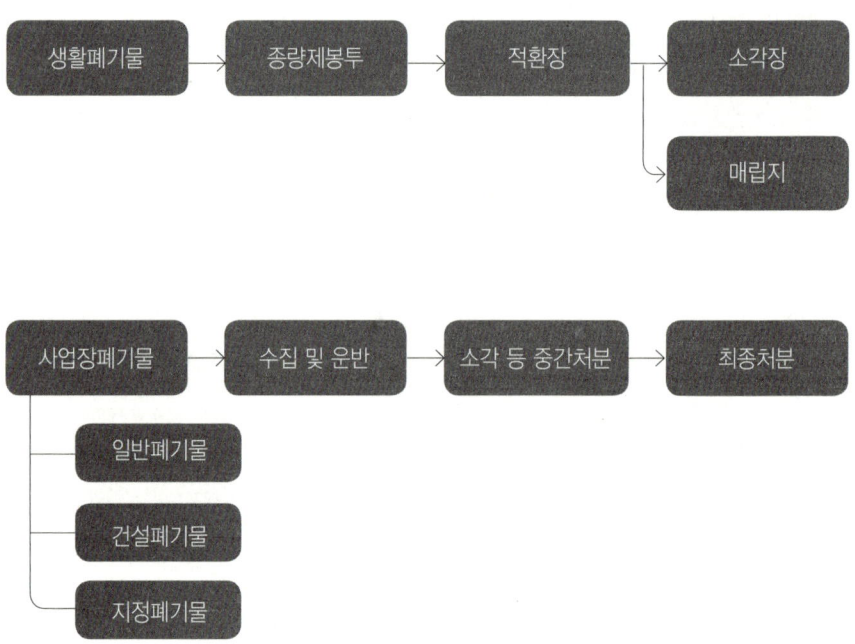

3. 폐기물처리시설

폐기물처리란 폐기물의 수집, 운반, 보관, 재활용, 처분 등 일련의 과정을 의미합니다. 폐기물 처리시설에는 중간처분시설, 최종처분시설 및 재활용시설 등이 있습니다. 또한 생산공정에서 발생하는 폐기물의 양을 줄이고 사업장 내 재활용을 통해 폐기물 배출을 최소화하기 위한 폐기물감량화시설도 있습니다.

[표 3] 폐기물처리시설 종류

구분	종류
중간처분시설	소각시설 기계적 처분시설 화학적 처분시설 생물학적 처분시설
최종처분시설	매립시설
재활용시설	기계적 재활용시설 화학적 재활용시설 생물학적 재활용시설
폐기물감량화시설	공정개선시설 폐기물재이용시설 폐기물재활용시설

4. 폐기물관리의 기본원칙

폐기물관리 및 처리에는 다음과 같은 원칙들이 있습니다.

① 예방의 원칙

사업자 등은 제품의 생산방식 등을 개선하여 폐기물의 발생을 최대한 억제하고, 폐기물을 배출하는 경우 주변 환경이나 주민의 건강에 위해를 끼치지 않도록 사전에 조치해야 합니다. 폐기물 처리과정에서 분량과 유해성을 줄이는 등 환경보전과 국민건강보호에 적합하게 처리합니다.

② 폐기물자원화 우선원칙

발생 폐기물을 스스로 재활용함으로써 폐기물 배출을 최소화 하고 폐기물을 소각, 매립하기보다는 우선적으로 재활용함으로써 자원생산성 향상에 이바지 해야 합니다.

③ 염자부담 및 발생자 책임의 원칙

폐기물로 인해 환경오염을 일으킨 자는 오염된 환경을 복원할 책임을 지며, 오염으로 인한 피해 구제에 드는 비용을 부담해야 합니다.

④ 폐기물의 국내처리 및 수입억제 원칙

국내에서 발생한 폐기물은 가능한 국내에서 처리해야 하고 폐기물 수입은 되도록 억제합니다.

⑤ 발생지처리 및 근접지처리 원칙

폐기물은 가능한 한 발생지 또는 근접지에서 처리합니다.

⑥ 협동의 원칙

환경보전 과제를 달성하기 위해 국가와 지자체 및 사회가 함께 협력합니다.

⑦ 기타 원칙

폐기물정보 공개, 주민참여 원칙 등이 있습니다.

5. 국가 · 지방자치단체 및 국민의 책무

폐기물관리법에서는 특별자치시장, 특별자치도지사, 시 · 군 · 구청장에게 관할 구역의 폐기물 배출 및 처리상황을 파악하여 폐기물이 적정하게 처리될 수 있도록 폐기물처리시설을 설치 · 운영하도록 하고 있습니다.

폐기물의 처리방법 개선 및 관계인의 자질 향상 등을 통해 폐기물 처리사업을 능률적으로 수행하고, 주민과 사업자의 청소 의식 함양과 폐기물 발생 억제를 위해 노력해야 할 의무를 부여하고 있습니다. 이에 따른 기술적 · 재정적 지원과 조정 및 필요한 조치도 마련토록 하고 있습니다.

국민도 자연환경과 생활환경을 청결히 유지하고 폐기물 감량과 자원화를 위해 노력해야 할 의무를 집니다. 특히 토지나 건물 소유자 · 점유자 또는 관리자는 해당 토지나 건물의 청결을 유지하도록 노력해야 하고 특별자치시장, 특별자치도지사, 시장 · 군수 · 구청장의 계획에 따라 대청소를 해야 할 의무가 있습니다.

폐기물 수집을 위한 장소나 설비 이외의 장소에 폐기물을 버리거나 적법한 폐기물처리시설이 아닌 곳에 폐기물을 매립·소각하는 행위는 불법입니다.

6. 폐기물의 배출과 처리

가. 폐기물처리의 기준과 방법

폐기물을 처리하는 자는 폐기물의 종류·성질·상태별 재활용 가능성 여부, 가연성이나 불연성 여부 등을 구분하여 수집·운반·보관해야 합니다.

특별자치도나 시·군·구의 분리수집 계획, 해당 지역의 여건 등을 고려하여 각 지방자치단체의 조례에 따라 다르게 구분하는 경우에는 처리방법을 별도로 정할 수 있습니다.

수집·운반·보관 과정에서 폐기물이 흩날리거나 누출되지 않도록 하고 침출수가 유출되지 않게 해야 합니다.

폐기물은 반드시 적정하게 처분, 재활용 또는 보관할 수 있는 장소로 운반하고 폐기물 처분시설 또는 재활용시설에서 처리하는 것이 원칙입니다.

한편 폐기물을 처분 또는 재활용하는 사람이 폐기물을 보관하는 경우에는 폐기물 처분시설 또는 재활용시설 등이 있는 시설에 보관해야 합니다.

나. 폐기물의 재활용

재활용이 가능한 폐기물은 재활용해야 합니다. 폐기물의 재활용 용도와 방법에 대해서는 제13조의 2에 규정되어 있고 그 구체적인 내용은 환경부령으로 정하고 있습니다. 유산·유품정리와 관련하여 재활용해야 할 폐기물의 종류는 다음과 같습니다(시행규칙 별표 5의 2 참조).

■ 폐기물의 종류

1. 폐가구류
2. 폐가전제품
3. 폐섬유
4. 폐플라스틱
5. 폐형광등 또는 폐전지
6. 폐지·고철 또는 폐포장재(종이팩, 유리병, 금속캔, 합성수지 재질의 포장재 및 1회용 봉투·쇼핑백) 등

다. 생활폐기물의 처리 및 배출자의 처리협조

생활폐기물이란 사업장폐기물 이외의 폐기물을 말합니다. 지정폐기물이나 사업장폐기물 등은 폐기물 분류코드가 있지만 생활폐기물은 별도의 분류체계는 없습니다.

대표적인 생활폐기물은 음식물쓰레기 등으로, 관할 구역의 특별자치시장, 특별자치도지사, 시·군·구청장 등이 처리해야 할 의무를 집니다.

특별자치시장, 특별자치도지사, 시·군·구청장은 해당 지방자치단체의 조례로 정한 바에 따라 폐기물처리업자, 한국환경공단, 재활용센터 등에 생활폐기물 처리를 대행하게 할 수 있습니다.

생활폐기물 배출자는 관할 특별자치시, 특별자치도, 시·군·구의 조례에 따라 생활환경보전상 지장이 없는 방법으로 폐기물을 스스로 처리하거나 양을 줄여서 배출해야 합니다. 스스로 처리할 수 없는 생활폐기물인 경우에는 종류별, 성질·상태별로 분리하여 보관하도록 하고 있습니다.

7. 폐기물처리업 및 폐기물처리시설

가. 폐기물처리업

음식물을 제외한 생활폐기물 재활용업이나 폐기물처리업을 하려면 그 대상이 지정폐기물인 경우 환경부장관에게 폐기물처리사업계획서를 제출해야 하고 그 밖의 폐기물인 경우에는 시·도지사에게 사업계획서를 제출해야 합니다.

폐기물처리업의 종류와 영업 내용은 다음과 같습니다.

[표 4] 폐기물처리업의 종류와 내용

폐기물처리업 종류	영업 내용
폐기물 수집·운반업	폐기물을 수집하여 재활용 또는 처분 장소로 운반하거나 폐기물을 수출하기 위하여 수집·운반하는 영업
폐기물 중간처분업	폐기물 중간처분시설을 갖추고 폐기물을 소각 처분, 기계적 처분, 화학적 처분, 생물학적 처분, 그 밖에 환경부장관이 폐기물을 안전하게 중간처분할 수 있다고 인정하여 고시하는 방법으로 중간처분하는 영업
폐기물 최종처분업	폐기물 최종처분시설을 갖추고 폐기물을 매립 등(해역 배출은 제외한다)의 방법으로 최종처분하는 영업
폐기물 종합처분업	폐기물 중간처분시설 및 최종처분시설을 갖추고 폐기물의 중간처분과 최종처분을 함께 하는 영업
폐기물 중간재활용업	폐기물 재활용시설을 갖추고 중간가공 폐기물을 만드는 영업
폐기물 최종재활용업	폐기물 재활용시설을 갖추고 중간가공 폐기물을 제13조의 2에 따른 용도 또는 방법으로 재활용하는 영업
폐기물 종합재활용업	폐기물 재활용시설을 갖추고 중간재활용업과 최종재활용업을 함께 하는 영업

하지만 다음 경우에는 폐기물처리업 허가를 받을 수 없습니다(제26조).

① 미성년자, 피성년후견인(금치산자 또는 한정치산자)

② 파산선고를 받고 복권되지 않은 자

③ 폐기물관리법 위반으로 징역 이상의 형을 선고받고 그 형의 집행이 끝나거나

집행을 받지 않기로 확정된 후 2년이 지나지 않은 자 및 징역 이상의 형의 집행유예를 선고받고 그 집행유예 기간이 지나지 않은 자

④ 폐기물처리업의 허가가 취소된 자로서 그 허가가 취소된 날부터 2년이 지나지 않은 자

⑤ 임원 중에 위에서 규정한 어느 하나에 해당하는 자가 있는 법인

폐기물처리업 허가를 받으면 폐기물 수집·운반업 허가를 받지 않아도 해당 폐기물을 수집·운반할 수 있습니다.

또한 다음에 해당하는 자는 환경부령으로 정하는 기준에 따른 시설·장비를 갖추어 시·도지사에게 신고함으로써 폐기물에 관한 사업을 할 수 있도록 하고 있습니다.

① 동·식물성 잔재물 등의 폐기물을 자신의 농경지에 퇴비로 사용하는 등의 방법으로 재활용하는 자로서 환경부령으로 정하는 자

② 폐지, 고철 등 환경부령으로 정하는 폐기물을 수집·운반하거나 환경부령으로 정하는 방법으로 재활용하는 자로서 사업장 규모 등이 환경부령으로 정하는 기준에 해당하는 자 및

③ 폐타이어, 폐가전제품 등 환경부령으로 정하는 폐기물을 수집·운반하는 자

이 경우에도 폐기물처리신고자가 폐기물 수집·운반업의 허가 또는 신고를 하지 않아도 재활용 대상 폐기물을 수집·운반할 수 있습니다.

하지만 폐기물처리신고자는 환경부령으로 정한 준수사항을 지켜야 하며, 위반할 경우 시설 폐쇄, 6개월 내 폐기물 반입금지 및 과징금처분 등의 제재를 받게 됩니다. 만일 시설 폐쇄처분을 받게 되면 그 처분일로부터 1년간

폐기물처리 신고를 할 수 없습니다.

나. 폐기물처리시설의 설치 및 관리 등

폐기물처리시설은 환경부령에서 정한 기준에 맞게 설치하고, 폐기물 소각시설을 기준 규모 이하로 설치·운영해서는 안 됩니다. 또한 폐기물처리업 허가를 받았거나 받으려는 자가 아닌 경우에 폐기물처리시설을 설치하려면 환경부장관의 승인을 받아야 합니다.

폐기물처리시설은 각각의 관리기준에 따라 그 시설을 유지·관리해야 하고, 3년마다 오염물질 측정이나 해당 폐기물처리시설의 설치·운영이 주변 지역에 미치는 영향을 조사하여 그 결과를 환경부장관에게 제출해야 하는 등의 의무가 있습니다.

만일 폐기물처리시설이 기준에 맞지 않으면 환경부장관은 개선명령이나 사용중지를 명령할 수 있는데 그 명령을 받았음에도 이를 이행하지 않거나 또는 이행이 불가능하다고 판단되면 해당 시설의 폐쇄를 명할 수 있습니다.

폐기물처리시설을 양도, 합병하거나 대표가 사망한 경우에는 그 양수인이나 상속인 또는 합병 후 존속하는 법인이나 합병으로 설립되는 법인은 허가·승인 또는 신고에 따른 권리·의무도 함께 승계하게 됩니다.

유품을 재활용하거나 또는 직접 재활용하는 경우 참고할만한 폐기물처리시설 설치기준은 다음과 같습니다(시행규칙 별표 9 참조).

■ 폐기물처리시설 설치기준

1. 폐기물이 흩날리거나 흘러나오는 것을 방지하는 데 필요한 설비를 해야 한다.

2. 폐기물의 재활용과정에서 발생하는 대기오염물질·수질오염물질 등을 처리할 수 있는 시설을 갖추어야 한다. 다만, 「수질환경보전법 시행규칙」 별표 2 및 별표 3에 따른 수질오염물질 또는 특정수질유해물질을 「수질 및 수생태계 보전에 관한 법률」 제62조에 따른 폐수처리업자에게 위탁 처리하는 경우와 매립시설의 침출수 처리시설, 「수질 및 수생태계 보전에 관한 법률」 제2조 제12호에 따른 수질오염방지시설(자가 수질오염 방지시설만 해당), 「수질 및 수생태계 보전에 관한 법률」 제48조에 따른 폐수종말처리시설, 「하수도법」 제2조 제9호에 따른 공공하수처리시설 또는 「하수도법」 제2조 제10호에 따른 분뇨처리시설에서 처리하는 오염물질을 그 시설에 옮겨 처리하는 경우와 영 제5조에 따른 폐기물 재활용시설 중 혐기성분해시설에 유입하여 에너지를 생산(음식물류 폐기물을 재활용하는 과정에서 발생되는 경우만 해당)하는 경우에는 수질오염물질 처리시설의 일부 또는 전부를 갖추지 아니할 수 있다.

3. 재활용시설의 바닥은 시멘트·아스팔트 등 물이 스며들지 않는 재료로 포장해야 한다.

4. 음식물류 폐기물재활용시설을 설치하는 때에는 음식물류 폐기물의 저장·투입·이송 및 재활용 등의 과정에서 발생하는 악취가 외부로 새어 나가지 않도록 밀폐된 구조로 설치해야 하며, 발생되는 악취물질을 저감할 수 있는 별도의 시설을 갖추어야 한다.

5. 폐가전제품을 재활용하는 경우 다음 가)부터 라)까지의 규정에 적합한 시설을 갖추어야 한다.

   가) 재활용시설은 지붕과 벽면이 있고 집진설비를 갖춘 장소에 설치해야 한다.
   나) 폐가전제품 중에 포함된 염화불화탄소 등의 냉매물질이 외부로 유출되지 않고 안전하게 회수될 수 있도록 회수량 및 보관량을 알 수 있는 장치가 부착된 설비를 갖추어야 한다.
   다) 텔레비전 및 컴퓨터 모니터를 재활용하는 경우 앞면 유리와 뒷면 유리를 분리 시 발생하는 형광물질을 회수할 수 있는 집진시설을 갖춘 밀폐시설을 갖추어야 한다.
   라) 폐기물의 파쇄·분리 등 재활용 과정에서 발생되는 폐기물을 보관하는 시설은 지붕과 벽면을 갖추고, 바닥은 시멘트·아스팔트 등의 재료로 포장되어야 한다.

8. 폐기물의 회수 등

가. 폐기물의 회수 및 조치

사업자가 제품을 제조·가공·수입 또는 판매할 때 그 과정에서 사용된 재료·용기·제품 등이 폐기물이 되는 경우 쉽게 회수 및 처리가 이뤄질 수 있도록 조치해야 합니다.

환경부장관, 시·도지사 또는 시·군·구청장은 해당 폐기물이 폐기물 처리 기준과 방법, 폐기물의 재활용 용도나 방법에 맞지 않게 처리되거나 버려지거나 매립될 경우, 다음에 해당하는 자에게 기간을 정해 폐기물 처리방법 변경, 폐기물 치리 또는 반입 징지 등 필요한 소치를 명할 수 있습니다.

① 그 폐기물을 처리한 자

② 위탁자

③ 다른 사람에게 자기 소유의 토지 사용을 허용한 자

④ 폐기물이 버려지거나 매립된 토지의 소유자

9. 폐기물처리시설에 대한 보조·지원, 벌칙

국가나 지방자치단체의 장은 필요한 경우 폐기물처리시설을 설치하려는 자에게 재정 지원을 할 수 있습니다.

환경부장관 등은 해당 법이나 명령을 위반한 자와 그 위반행위에 대해 행정처분을 내릴 수 있고 동법 제63조 내지 제66조에서 정한 바에 따라 처벌할 수 있습니다.

이때 「법인의 대표자나 법인 또는 개인의 대리인, 사용인, 그 밖의 종업원 등 행위자 외에 그 법인 또는 개인에게도 해당 조문의 벌금형을 과한다」는 규정에 따라 법인이나 개인이 상당한 주의 · 감독의무를 이행하지 않은 경우에는 양벌규정으로 처벌하도록 하고 있습니다.

또한 환경부장관, 시 · 도지사, 시 · 군 · 구청장은 법 제67조에 해당하는 자 등에게 과태료 처분을 명할 수 있습니다.

02

자원의 절약과 재활용 촉진에 관한 법률

1. 의의

이 법은 폐기물 발생의 억제와 재활용 촉진을 통해 자원을 순환적으로 이용함으로써 환경보전과 국민경제의 건전한 발전에 이바지함을 목적으로 하고 있습니다(제1조). 폐기물관리법과 특별법적 관계이기 때문에 여기 규정되어 있지 않은 내용은 폐기물관리법의 적용을 받게 됩니다.

2. 이 법에서 사용하는 용어의 정의 및 적용범위

가. 자원순환

자원순환이란 폐기물의 발생을 억제하고 발생된 폐기물을 적정하게 재

활용하며, 그것이 어려울 때 최종적으로 처리함으로써 자원의 순환과정을
환경친화적으로 이용 · 관리하는 것을 말합니다.

나. 재활용 가능자원

재활용 가능자원이란 사용되었거나 사용되지 않고 버려진 후 수거된 물
건과 그 부산물 중 재사용 또는 재생 이용할 수 있는 자원을 말합니다.

> # Q[04]
> 부산물이란?
>
> # A[04]
> ① 제품의 제조 · 가공 · 수리 · 판매 ② 에너지 공급 ③ 토목 · 건축공사
> 등에서 부수적으로 생겨난 물건으로서 가구를 만들 때 나오는 톱밥 등이
> 이에 해당합니다.
> 부산물 중 해당 자원을 효율적으로 이용하기 위해 전부 또는 일부를 재활
> 용하는 것이 필요한 경우 그 부산물을 지정부산물이라고 합니다. 법 시행
> 령에서는 철강슬래그, 석탄재 등을 지정부산물로 정해두고 있습니다.

다. 재활용 · 재사용 · 재생이용 · 에너지회수 등

① 재활용

ㄱ. 폐기물을 재사용 · 재생이용하거나 재사용 · 재생이용할 수 있는 상태로

만드는 활동

ㄴ. 폐기물로부터 에너지를 회수 또는 회수할 수 있는 상태로 만드는 활동

ㄷ. 폐기물을 연료로 사용하는 활동(폐기물관리법 제2조 제7호)

② 재사용

재활용가능자원을 그대로 또는 고쳐서 다시 쓰거나 생산활동에 다시 사용할
수 있도록 하는 것을 의미합니다.

③ 재생이용

재활용가능자원의 전부나 일부를 원료물질로 다시 사용하거나 재사용할 수
있도록 하는 것을 말합니다.

④ 에너지회수

폐기물관리법의 에너지회수기준에 따라 재활용가능자원에서 에너지를 회수하
거나 에너지를 회수할 수 있는 물질로 전환시키는 것입니다.

⑤ 재활용제품

재활용가능자원을 이용하여 만든 제품을 재활용제품이라고 합니다. 폐금속
류 · 폐섬유 · 가죽가공잔재물 · 폐전지류 · 폐석고류 · 폐지 · 폐목재 · 폐플라
스틱 · 폐고무 · 폐유리 등을 주원료로 한 제품이 이에 해당합니다(시행규칙 별표
1 참조).

⑥ 재활용시설

재활용가능자원이나 재활용제품을 제조, 가공, 조립, 정비, 수집, 운반, 보관

하는 데 사용되는 장치 · 장비 · 설비 등을 갖추고 있고, 환경부령으로 정한 시설을 말합니다.

⑦ 재활용산업

재활용기술을 연구 · 개발하는 산업으로서 대통령령으로 정한 업종을 재활용산업이라고 합니다.

라. 폐기물 등

폐기물에 대해서는 앞서 언급한 바 있습니다. 단 가정이나 사업장 등에서 배출되는 가전제품류, 가구류, 생활용품, 사무용 기자재 및 냉 · 난방기 그리고 그 밖에 쓰레기봉투에 담기 어려운 폐기물을 대형폐기물로 구분하여 정의하고 있습니다.

이 법에서는 폐기물 외에도 포장재, 1회용품, 생분해성수지제품, 재질 · 구조개선대상제품 등에 대해서도 정의하고 있습니다.

포장재란 제품의 수송, 보관, 취급, 사용 등 과정에서 그 제품의 가치 · 상태 및 품질을 보호 또는 보전하기 위한 목적으로 사용된 제품포장 재료나 용기 등이 이에 해당하며 1회용품은 같은 용도에 한 번 사용하도록 만들어진 제품을 말합니다.

환경기술 및 환경산업지원법 제17조에 따라 환경표지 인증을 받았거나 대상제품별 인증기준에 맞는 제품을 생분해성수지제품이라고 합니다. 또한 사용되었거나 사용되지 않고 버려진 후 수거되어 그 전부 또는 일부를 재활용하는 것이 그 자원을 효율적으로 이용하는데 특별히 필요하고 쉽게 재활용할 수 있도록 구조나 재질을 개선해야 하는 것들을 재질 · 구조개선

대상제품이라고 하는데 이에 대해서도 시행령 등에서 정해두고 있습니다.

3. 자원순환에 관한 기본원칙과 국가 및 국민의 책무

자원순환의 원칙은 원재료 · 제품 등의 제조 · 가공 · 수입 · 판매뿐만 아니라 이를 소비하거나 건설공사를 하는 자에게도 적용되기 때문에 이에 대한 의무가 있습니다. 이 법은 자원순환형 사회구현을 위해 다음과 같은 선언하고 있습니다.

① 발생된 폐기물을 최대한 재사용한다.
② 발생된 폐기물을 재생이용한다.
③ 재사용 · 재생이용이 어려운 폐기물은 에너지 회수 목적으로 사용한다.
④ 재사용 · 재생이용 · 에너지회수가 불가능한 폐기물은 적절하게 처리하여 환경에 미치는 영향이 최소화되도록 한다.

자원순환형 사회의 폐기물관리와 처리는 「발생억제 → 재사용 또는 재생이용 → 에너지 회수 → 최종처리(소각 내지 매립)」 순으로 이뤄지도록 국가와 모든 국민이 함께 노력해야 합니다(제2조의 2).

[표 5] 자원순환형 사회 구현을 위한 책무

해당 주체	책임과 의무
국가	자원순환 촉진을 위한 정책 마련하기
지방자치단체	국가가 수립한 정책을 바탕으로 지역특성에 맞는 시책을 수립 · 시행하기
원료 · 제품 제조 및 가공 · 수입 · 판매 사업자, 건설사업자	① 폐기물 발생 억제, 폐기물 재활용, 재활용품 사용 등 자원순환 기본원칙 준수하기 ② 국가 및 지자체의 시책에 적극 협력하기
국민	① 재활용 가능자원 분리 · 배출하기 ② 재활용제품 우선 구매하기 ③ 1회용품 사용 줄이기 ④ 국가 · 지방자치단체 및 사업자가 행하는 조치에 협력하기

4. 자원순환 촉진을 위한 노력과 방법

가. 자원절약을 위한 일반의 노력

정부는 생산자와 소비자가 자원을 절약하고, 폐기물 발생을 억제하며 폐기물을 재활용하도록 하기 위해 필요 사항을 권고하거나 지도할 수 있습니다. 주무부장관은 자원절약과 폐기물 발생억제를 위한 장치 · 기술을 보급 · 확대하기 위해 관련 행정기관의 장에게 협조를 요청할 수 있습니다.

또한 정부는 제품이 폐기될 경우 제조자 등에게 다음 사항에 대해 스스로 기술지원을 하거나 환경에 미치는 영향을 줄이는 데 필요한 대책을 강구하게 할 수 있습니다.

① 재활용과 적절한 처리에 관한 사항

② 그 중량과 부피에 관한 사항

③ 제품에 포함되어 있는 유해물질에 관한 사항

④ 제품의 내구성과 그 밖에 평가정보의 관리 등에 관한 사항

나. 포장폐기물 억제를 위한 노력

일반 국민도 다음과 같은 포장폐기물을 함부로 버리지 않고 재활용 · 재사용될 수 있도록 노력해야 합니다.

① 포장재를 사용하는 모든 제품

② 음식료품류(가공식품, 음료, 주류, 제과류, 건강기능식품 등)

③ 화장품류

④ 세제류

⑤ 잡화류(완구 · 인형류, 문구류, 지갑 · 허리띠 등 신변잡화류)

⑥ 의약외품류

⑦ 의류(와이셔츠류, 내의류)

⑧ 종합제품 등 포장재질 · 포장방법에 관한 규정의 적용을 받는 제품

⑨ 합성수지재질로 된 포장재를 사용하는 제품 등을 제조하는 자는 포장폐기물의 발생을 억제하고 재활용을 촉진하기 위해 노력해야 합니다.

다. 1회용품 사용억제를 위한 노력

법으로 정하고 있는 1회용품 종류는 다음과 같습니다(시행령 별표 1).

■ 일회용품의 종류

① 1회용 컵·접시·용기(종이, 금속박, 합성수지재질 등으로 제조된 것)
② 1회용 나무젓가락
③ 이쑤시개(전분으로 제조한 것은 제외)
④ 1회용 수저·포크·나이프
⑤ 1회용 광고선전물(신문·잡지 등에 끼워 배포하거나 고객에게 배포하는 광고전단지와 카탈로그 등 단순 광고목적의 광고선전물로서 합성수지재질로 도포되거나 첩합된 것만 해당)
⑥ 1회용 면도기·칫솔
⑦ 1회용 치약·샴푸·린스
⑧ 1회용 봉투·쇼핑백(환경부장관이 재질, 규격, 용도, 형태 등을 고려하여 고시하는 것은 제외)
⑨ 1회용 응원용품(응원객이나 관람객 등에게 제공하기 위한 막대풍선, 비닐방석 등)
⑩ 1회용 비닐식탁보(생분해성수지제품은 제외)

식품위생법상의 집단급식소를 비롯한 음식점, 목욕탕, 대규모점포, 운동장, 체육관, 영화관 등에서는 이들 1회용품의 사용·제작·배포 등을 제한하거나 무상으로 제공하는 것을 금지하고 있습니다(시행규칙 별표 2 참조).

특히 1회용 봉투·쇼핑백에 대해서는 이를 판매한 사업자에게 다음과 같은 노력 의무를 부과하고 있습니다.

① 고객이 사용한 1회용 봉투·쇼핑백을 되가져올 경우 현금 환불

② 고객이 장바구니를 이용할 경우의 현금할인

③ 장바구니의 제작 · 보급

④ 1회용품 사용억제를 위한 홍보

⑤ 전년도의 1회용 봉투 · 쇼핑백 판매금액보다 고객에게 환불 또는 현금 할인한 금액이 많은 경우 그에 대한 보전

⑥ 1회용 합성수지 재질 제품의 생분해성수지제품으로의 대체

⑦ 1회용 봉투 · 쇼핑백의 회수 · 재활용 촉진

⑧ 환경미화원의 자녀에 대한 장학금 지원

⑨ 민간 환경단체의 환경보전 활동 지원 등

다음 경우에는 예외가 인정됩니다.

① 1회용품이 생분해성수지제품인 경우

② 집단급식소나 식품접객업소 외의 장소에서 소비할 목적으로 고객에게 음식물을 제공 · 판매 · 배달하는 경우

③ 자동판매기를 통해 음식물을 판매하는 경우

④ 상례에 참석한 조문객에게 음식물을 제공하는 경우

⑤ 혼례, 회갑연, 상례에 참석한 조문객이나 하객 등에게 음식물을 제공하는 경우

⑥ 음식물을 배달하거나 고객이 음식물을 가져가는 경우

하지만 이것은 특별한 경우에 있어서 사업자에 대해서만 불가피하게 인정되는 것이므로 비록 위의 경우에 해당한다고 하더라도 1회용품의 사용은 되도록 최소화해야 할 것이며 그 외의 사람이나 대상 · 상황에 있어서는 여전히 자원순환의 원칙이 지켜지도록 노력해야 합니다.

라. 폐기물의 분리 · 수거 및 재사용 촉진을 위한 노력

폐기물을 배출하는 토지 또는 건물의 소유자 · 점유자 · 관리자 중 폐기물 배출자로 정한 자는 그 토지나 건물에서 배출되는 폐기물 중 재활용할 수 있는 폐기물에 대해서는 각각의 기준에 따라 재활용하거나 종류 · 성질 · 상태별로 분리 보관하여 재활용되도록 해야 합니다(시행규칙 별표 3 참조).

■ 폐기물의 분리 · 수거 및 재사용 기준

1. 소유자, 관리자 또는 점유자의 책임
   1) 시설 규모 및 폐기물의 발생 형태 등을 고려하여 분리수집이 쉬운 위치에 적정 규모의 분리수집장소를 확보해야 한다.
   2) 재활용가능자원을 분리수집장소에 적정하게 분리 · 보관해야 한다.
   3) 분리수집된 재활용가능자원을 직접 재활용하거나 수거기관 또는 재활용하려는 자에게 공급하여 재활용되도록 해야 한다.
   4) 「폐기물관리법 시행규칙」 제10조 제4호에 따른 음식물류 폐기물을 재활용하거나 감량화처리해야 하는 대상시설의 경우에는 사료 · 퇴비 등으로 감량화할 수 있는 설비를 설치하거나 효율적으로 재활용하는 방법을 마련하여 자원화하도록 노력해야 한다.
   5) 판매시설, 관람집회시설 또는 관광휴게시설의 경우에는 상품을 구매하는 소비자나 방문자 등이 재활용가능자원을 분리배출하도록 안내문을 게시하거나 방송을 하는 등의 방법으로 분리수집을 안내 · 지도해야 한다.

2. 점유자의 책임
   1) 점유하고 있는 시설에서 배출되는 폐기물 중 종이류, 유리병, 캔류, 플라스틱류 또는 고철류 등 분리수거되는 재활용가능자원을 소유자 또는 관리자가 확보한 분리수집장소로 운반하여 품목별로 분리 · 보관되도록 배출해야 한다.
   2) 시설에서 다량 배출되는 종이류는 종류에 따라 복사용지(백상지, 중질지, 아트지 및 크라프트지를 포함한다), 신문용지 또는 판지 등으로 분리수집해야 한다.

1) 재활용 대상이 아닌 폐기물을 재활용 대상 폐기물과 혼합하여 배출하여서는 아니 된다.
2) 시설에서 배출되는 유리병은 무색, 청색(녹색을 포함한다) 또는 갈색의 3색으로 분리배출되도록 노력해야 한다.

이때 특별자치도지사, 시·군·구청장은 그 기준을 지키지 않은 폐기물 배출자에게 환경부령으로 정하는 바에 따라 필요한 조치를 명할 수 있습니다.

환경부장관도 재활용가능자원의 효율적인 활용을 위해 폐기물의 발생량과 재활용 여건을 고려하여 재활용가능자원의 분리수거를 위한 분류·보관·수거 등에 관한 지침을 정할 수 있습니다. 이때 특별시장·광역시장·도지사·특별자치도지사는 관할 지방자치단체의 분리수거가 효율적으로 이루어질 수 있도록 지원하고 환경부장관이 정한 지침에 따라 매년 재활용가능자원의 발생량과 분리수거량 등을 조사하여 공표해야 합니다.

특별자치도지사·시장·군수·구청장은 정해진 지침에 따라 재활용가능자원의 보관 시설이나 용기를 설치하는 등 지역 실정을 고려하여 분리수거에 필요한 조치를 취해야 합니다.

마. 재활용센터의 설치·운영을 통한 자원순환 촉진

특별자치도지사·시장·군수·구청장은 중고물품의 교환과 재사용가능한 대형폐기물의 재활용을 촉진하기 위해 필요한 시설(재활용센터)을 최소한 개소 이상 설치·운영하고, 대형폐기물을 수거·선별·처리하는 경우 재활용센터를 우선하여 활용해야 합니다. 또한 인구가 20만 명을 초과하면 그 때마다 재활용센터 1개소를 추가로 설치·운영해야 합니다.

한편 특별자치도지사·시장·군수·구청장 이외의 자가 재활용센터를 설치·운영하는 경우에는 그 사실을 특별자치도지사 또는 해당 시장·군수·구청장에게 통지하고 환경부장관은 규정에 따라 재활용센터를 설치·운영하는 자에게 재정적·기술적 지원을 할 수 있습니다.

재활용센터의 설치와 시설기준 등에 관하여 필요한 사항은 시행령 제15조의 2가 이를 규정하고 있습니다.

바. 분리배출 표시의무

폐기물의 재활용 촉진을 위해 분리수거 표시가 필요한 제품·포장재로서 대통령령으로 정한 자는 환경부장관이 정하여 고시하는 지침에 따라 그 제품·포장재에 분리배출 표시를 해야 합니다.

사. 부품 등의 재사용 촉진

제품의 제조자 등은 유통된 제품이 폐기물이 되는 경우 그 제품이나 부품을 회수하여 새로운 제품의 제조에 사용하거나 재사용할 수 있도록 노력해야 하며 정부도 제품의 제조자 등이 이러한 목적을 달성할 수 있도록 기술지원 등 필요한 조치를 해야 합니다.

아. 빈용기보증금제도를 통한 자원순환 촉진

주세법 제4조 제2호 및 제3호 규정에 따른 발효주류와 증류주류의 제조업자·수입업자는 출고가격이나 수입가격과는 별도로 그 제품에 사용된

용기의 회수·재사용을 촉진하기 위해 일정한 금액(빈용기보증금)을 제품 가격에 포함시킬 수 있습니다.

이에 따라 그 금액이 포함된 제품의 제조자 등은 그 용기를 반환하는 자에게 빈용기보증금을 돌려주어야 합니다.

용기의 규격별 빈용기보증금액은 다음과 같습니다(시행규칙 별표 4 참조).

품목	규격		빈용기보증금액
주류	190㎖ 미만		20원/개
청량음료류	190㎖ 이상	400㎖ 미만	40원/개
	400㎖ 이상	1천㎖ 미만	50원/개
	1천㎖ 이상		100원 이상 300원 이하/개

빈용기보증금을 돌려주고 남은 금액(미반환보증금)은 다음과 같은 용도로 사용됩니다.

① 빈용기 회수율 향상을 위한 홍보
② 빈용기의 보관과 수집소의 설치·지원
③ 빈용기의 효율적 회수와 재활용 방안의 연구·개발
④ 전년도에 받은 빈용기보증금액보다 빈용기보증금으로 지급한 금액이 많은 경우 그에 대한 보전
⑤ 그 밖에 환경보전을 위한 활동 등

자. 폐기물의 재활용 촉진

재활용의무가 있는 생산자에 해당하는 제조업자나 수입업자는 그 업체가 제조·수입하거나 판매한 제품·포장재로 인해 발생한 폐기물을 회수하여 환경부령에서 정한 제품·포장별 재활용의 방법과 기준에 따라 재활용해야 할 의무가 있습니다. 이를 생산자책임재활용제도EPR : extended producer responsibility라고 합니다.

이것은 제품·포장재의 생산자에게 그 제품이나 포장재의 폐기물에 대한 일정량의 재활용 의무를 부과함으로써 폐기물을 줄이고 사용된 폐기물의 재활용을 촉진하는 데 목적을 두고 있습니다.

우리나라는 지난 1992년부터 금속 캔, 유리병, 전자제품 등 일정제품에 대해서는 생산자에게 출고량 전체에 비례하여 그 재활용에 필요한 비용을 예치하도록 하고 재활용한 실적에 따라 이를 환급하는 폐기물예치금제도를 운영해왔습니다. 이를 보완·발전시킨 것이 바로 생산자책임재활용제도입니다.

만일 생산자가 이 의무를 이행하지 못했을 때는 재활용에 투입되는 비용 이상의 재활용부과금을 납부해야 합니다.

결국 이것은 제품생산자가 제품의 설계·제조단계에서부터 유통·소비·폐기에 이르기까지 환경친화적인 경제활동을 하도록 유도하여 폐기물의 감량, 재이용, 재활용을 촉진함으로써 자원순환형 사회를 만드는 데 목적이 있습니다.

재활용의무대상에 관해서는 시행령 제18조에서 타이어, 윤활유, 전자제품, 전지류 등의 제품 및 각종 포장제 등을 열거하고 있는데 유산·유품정리와 관계된 품목들은 다음과 같습니다.

■ 재활용 의무 품목

1. 다음 제품의 포장에 사용되는 종이팩(합성수지 또는 알루미늄박이 첩합·도포된 종이팩만 해당), 유리병, 금속 캔, 합성수지재질의 포장재

   가. 음식료품류
   나. 농수축산물
   다. 세제류(치약, 비누 및 세제 등)
   라. 화장품 및 애완동물용 샴푸·린스
   마. 부탄가스제품
   바. 가정용 살충·살균제
   사. 의복류
   아. 종이제품
   자. 가정용 고무장갑 등

2. 나음 제품의 포장에 사용되는 합성수지재질의 필름·시트형 포장재 및 발포 합성수지 완충재

   가. 전기기기, 오디오·비디오 응용기기 및 정보·사무기기
   나. 개인용 컴퓨터(모니터·자판 포함)

3. 합성수지재질의 1회용 봉투·쇼핑백

4. 각종 전지류

5. 형광등

6. 기타

환경부장관은 재활용의무생산자의 제품·포장재의 출고량, 재활용가능 자원의 분리수거량, 회수·재활용 실적 및 재활용 여건 등을 고려하여 제품·포장재별로 연간 출고량 중 재활용해야 하는 양의 비율(재활용의무율)을 주무부장관과 협의하여 고시해야 하며 재활용의무생산자는 대통령령으로

정한 비율에 따라 이를 재활용해야 합니다.

또한 재활용의무생산자에게는 폐기물부담금의 부담 및 회수, 재활용의
무이행계획서 제출, 결과보고서 제출 등의 의무가 있는데 이를 위반한 경
우에는 재활용부과금을 부담해야 합니다.

재활용의무생산자 자신이 제조·수입하거나 판매한 제품·포장재의 폐
기물 전부를 회수하여 재활용하는 등 재활용의무를 충실히 이행한 경우 환
경부장관은 재활용의무이행에 관한 인증을 할 수 있습니다.

5. 자원순환 촉진을 위한 지원 및 제재

정부는 재활용지정사업, 에너지회수시설, 지정부산물배출사업, 폐기물고
형원료제품사용시설 및 재활용사업공제조합 등을 통해 자원순환 촉진을 도
모하는 한편 재활용산업의 육성을 위해 재활용사업자에 대해 자원순환에
필요한 자금의 보조나 융자, 필요한 경우 차관 알선 등을 할 수 있습니다.

재활용산업육성을 위한 자금 등 지원을 받을 수 있는 경우는 다음과 같
습니다(제31조).

　① 재활용시설의 설치 사업
　② 재활용지정사업자, 지정부산물배출사업자의 자원재활용사업
　③ 에너지회수시설의 설치·운영
　④ 재활용단지 조성 사업
　⑤ 폐기물관리법 제25조 제5항 제5호 내지 제7호까지의 규정에 따른 폐기물 재

활용업의 허가를 받은 자 또는 동법 제46조에 따른 폐기물처리 신고자의 폐기물 처리

⑥ 자원순환 촉진을 위한 연구 및 기술개발 사업

⑦ 유통지원센터의 설립·운영

⑧ 재활용산업의 육성을 위하여 필요한 사업 등 대통령령으로 정하는 자로서 재활용제품의 판매사업이나 재활용가능자원을 이용하여 제품을 제조하기 위한 기계·장비나 재활용시설을 설계·생산하는 사업

이에 대해 정부는 산업기술혁신촉진법에 따른 산업기반기술개발사업을 위한 자금 또는 중소기업진흥에 관한 법률에 따른 중소기업진흥 및 산업기반기금을 재활용사업자에게 설비자금, 연구·기술개발자금 등으로 사용하도록 우선 지원할 수 있습니다.

한편 이 법률 규정을 위반한 자 및 사업자는 징역, 벌금 또는 과태료 등의 제재를 받게 됩니다.

즉 이 법은 자원순환형 사회구현을 위한 각종의 지원과 규제를 통해 환경보전 뿐 아니라 국민경제의 발전에도 기여하도록 하는 데 그 의의가 있습니다.

03

전기 · 전자제품 및 자동차의 자원순환에 관한 법률

1. 의의

전기 · 전자제품 및 자동차의 자원순환에 관한 법률은 2007년 4월 27일 중금속 등 유해물질이 포함되어 있는 전기 · 전자제품 및 자동차에 대한 재활용 목적과 통합제품정책IPP : integrated product policy의 취지에 따라 제정되었습니다.

이 법은 전기제품, 전자제품, 자동차의 제조 등에 있어서 유해물질 사용 억제, 재활용을 유도하고 폐기물도 적절히 재활용하도록 함으로써 자원순환체계 구축, 환경보전 및 국민경제 발전에 이바지하는 것을 목적으로 하고 있습니다 (제1조).

통합제품정책
원료채취, 제조, 수송, 사용, 폐기 등 제품 및 서비스의 전 과정에 걸쳐 지속적인 친환경적 개선을 목적으로 하는 EU의 기본정책

2. 대상 및 우선적용

이 법은 전기·전자제품(폐기물인 전기·전자제품 포함), 자동차(폐자동차 포함)를 대상으로 하며 이들 제품에 대해서는 폐기물관리법이나 자원의 절약과 재활용 촉진에 관한 법률 등에 우선하여 적용됩니다. 이들 제품은 폐기물관리법에서 정한 대로 처리, 재활용 또는 에너지 회수 등의 조치를 해야 합니다.

이하에서는 유산·유품정리와 밀접한 관련이 있는 전기·전자제품의 재활용 즉 폐전기·전자제품을 중심으로 다루고자 합니다.

이 법의 적용을 받는 전기·전지제품에 대해서는 시행령 제8조에서 규정하고 있는데 그 종류는 다음과 같습니다.

■ 전기·전자제품의 종류

1. 텔레비전	6. 오디오(휴대용은 제외)
2. 냉장고	7. 이동전화단말기(전지·충전기 포함)
3. 가정용 세탁기	8. 프린터
4. 에어컨디셔너	9. 복사기
5. 개인용 컴퓨터(모니터·자판포함)	10. 팩시밀리 등

3. 국가 · 지방자치단체, 사업자 및 국민의 책무

이 법은 전기 · 전자제품의 재활용을 촉진하기 위해 국가 · 지방자치단체 및 사업자에게 필요한 시책이나 조치를 마련하는 등의 의무를 부과하고 있는데 국민들도 전기 · 전자제품의 폐기물을 적정하게 배출하도록 노력하는 등 국가와 지방자치단체가 이 법의 목적을 달성하기 위한 조치에 적극 협력해야 합니다.

4. 폐전기 · 폐전자제품의 재활용

전기 · 전자제품을 제조하거나 수입하는 자로서 대통령령에서 정하는 규모 이상의 사업장을 운영하는 자(전기 · 전자제품 재활용의무생산자)는 자신이 출고한 제품의 폐기물을 회수하고 전기 · 전자제품 재활용사업공제조합에 가입하여 공동으로 회수 · 인계 · 재활용하거나 폐기물재활용업 허가를 받은 자에게 인계해야 합니다.

이 경우 폐전기 · 폐전자제품의 회수 및 인계 · 재활용에 소요되는 제반 비용은 전기 · 전자제품 재활용의무생산자가 부담하도록 하고 있습니다.

이때 현행 제15조 규정에 따라 전기 · 전자제품 제조 · 수입업자와 그로부터 재활용을 위탁받은 자는 환경부령으로 정하는 제품별 재활용방법과 기준에 따라 재활용해야 합니다. 또한 전기 · 전자제품 제조 · 수입업자는 그 제품의 폐기물을 회수하여 재활용하거나, 재활용사업자에게 위탁하여 재활용하게 하거나 재활용사업공제조합에 가입하여 재활용의무를 이행할 수 있도록 하고 있습니다.

가. 재활용 목표관리 및 재활용의무량

환경부장관은 다음의 여건을 고려하여 전기 · 전자제품의 인구 1인당 장기 재활용목표량을 정하여 5년마다 고시해야 합니다.

⑪ 전기 · 전자제품 제조 · 수입업자의 전기 · 전자제품 출고량
⑫ 폐전기 · 폐전자제품 예상발생량, 분리수거량, 재활용실적 및 재활용시설 규모
⑬ 그 밖에 분리수거 여건과 재활용기술 개발의 상황

이를 달성하기 위해 관계 중앙행정기관의 장과 협의하여 매년 인구 1인당 연도별 재활용목표량을 고시해야 합니다.

이 고시에 따라 전기 · 전자제품 재활용의무생산자는 환경부령으로 정하는 방법과 기준에 따라 재활용방법이 유사한 전기 · 전자제품군별로 폐기물을 재활용해야 합니다.

또한 전기 · 전자제품 재활용의무생산자는 폐전기 · 폐전자제품에서 발생하는 기후 · 생태계변화 유발물질을 환경부령으로 정하는 기준에 따라 회수하여 분리 · 보관 · 처리해야 합니다.

나. 전기 · 전자제품 판매업자의 회수 및 인계의무

일정 규모 이상의 사업장을 운영하면서 전기 · 전자제품을 판매하는 자

는 자신이 판매하는 상품의 제품군에 속하는 폐전기 · 폐전자제품을 스스로 회수하거나 공제조합을 통해 통해 회수의무를 대행해야 하며 회수한 폐전기 · 폐전자제품은 전기 · 전자제품 재활용의무생산자나 공제조합이 지역별로 설치한 수집소까지 운반하여 인계해야 합니다.

재활용의무생산자나 판매업자는 제품을 새로 구입한 사람이 내놓은 같은 종류의 제품과 신제품의 포장재를 회수해야 할 의무가 있습니다.

다. 전기 · 전자제품의 재활용부과금 및 회수부과금의 징수

전기 · 전자제품 재활용의무생산자나 공제조합이 회수 · 인계 · 재활용의무를 이행하지 않는 경우에는 회수 · 재활용의무량 중 회수되지 않은 폐기물의 회수에 드는 비용 또는 재활용되지 않은 폐기물의 재활용에 드는 비용의 30/100 범위 안에서 전기 · 전자제품에 대한 회수부과금이나 재활용부과금을 부담해야 합니다.

이렇게 징수된 회수부과금 및 재활용부과금은 다음과 같은 용도로 사용됩니다.

① 폐기물의 재활용 · 회수를 위한 사업이나 폐기물처리시설의 설치 지원
② 폐기물의 효율적 재활용 · 회수 · 감량을 위한 연구 · 기술개발
③ 지방자치단체의 폐기물 회수 · 재활용 · 처리 지원
④ 재활용가능자원의 구입 · 비축
⑤ 자원재활용을 촉진하기 위한 사업 지원
⑥ 전기 · 전자제품 재활용부과금 및 전기 · 전자제품 회수부과금의 징수비용 지급

5. 제재

　이 법도 폐기물관리법이나 자원의 활용 및 재활용 촉진에 관한 법률과 마찬가지로 이행 위반자에 대하여 벌칙규정, 양벌규정 및 과태료에 관한 규정이 적용됩니다.

　즉 자원순환형 사회구현을 위해 특히 전기ㆍ전자제품이나 자동차에 대한 재활용 의무나 규제를 보다 강화함으로써 환경보전과 국민경제 발전에 기여하는 데 그 의의가 있습니다.

04

환경법과 유산 · 유품정리와의 관계

폐기물관리법 등 여러 법률은 폐기물 발생 억제, 폐기물의 친환경적 처리 및 재활용을 통해 환경을 보전하는 데 그 목적이 있습니다. 위에서 살펴본 바와 같습니다. 이는 유산 · 유품정리에 있어서 유품의 취급 및 처리에 대한 기본적인 방향을 제시해주는 법률입니다.

한 사람에게서 나온 물건들은 종류가 다양할 뿐 아니라 그 양이 많다는 것은 앞에서 언급한 바와 같습니다.

또한 관련 법령들을 통해 특별히 다루어야 하는 품목들에 대해서도 살펴보았습니다. 따라서 그것들을 아무렇게나 처분해버리는 것은 이 사업의 목적뿐 아니라 환경보전, 국민생활의 질 향상에도 아무런 도움이 되지 않습니다.

물론 유산 · 유품정리서비스가 이 법에서 생산자나 사업자에게 요구하는 것과 동일한 의무를 부담하지는 않습니다. 하지만 유산 · 유품을 사회적으로 재생산 · 재활용하고 체계적으로 보존하여 많은 사람들을 유익하게 해야 한다는 관점에서는 생산자나 사업자의 의무와 크게 다르지 않을 것입니다.

이 서비스를 제공하면서 물건들을 체계적으로 분류하고 법령에 따라 폐기할 것과 재활용할 것을 구분하여 다루는 것이 이 사업의 목적과 취지를 잘 살리는 길입니다.

문헌 및 각주

1) 박균성 · 함태성, 『환경법』, 2013(박영사), pp 515.

2) 건설폐기물은 건설폐기물 재활용 촉진에 관한 법률 등에서 별도로 규정하고 있다.

제 2 장

장사 등에 관한 법률

01

장사 등에 관한 법률

1. 들어가며

장사법은 유산·유품정리서비스와 직접적인 연관은 없습니다. 하지만 사람의 죽음과 관계된다는 공통점을 지니고 있습니다. 유산·유품정리서비스의 상담에서 계약까지의 과정 속에는 항상 장사법과 관련된 문의와 지원, 관련 기관과의 연계 등이 필요할 수 있습니다.

때문에 장사법과 유산·유품정리서비스가 별개의 제도라 해도 이에 대한 기본적인 지식을 갖춰서 고인이나 유족들에게 적절한 도움을 제공한다면 이들 뿐 아니라 건전한 장례문화 정착과 공공복리 증진에도 기여할 수 있을 것입니다.

이하에서는 이 법의 의의를 비롯하여 유산·유품정리서비스와 관련된 내용에 대해 살펴보고자 합니다.

2. 의의

이 법은 총칙 규정을 비롯하여 매장·화장·개장 및 자연장에 관한 사항, 묘지·화장시설·봉안시설·자연장지, 무연분묘의 처리, 장례식장 설치·관리 및 장례지도사 자격 등에 관한 사항을 총체적으로 규정함으로써 보건위생상 위해를 방지하고 국토의 효율적 이용 및 공공복리 증진에 이바지함을 목적으로 하고 있습니다(제1조). 단 국가가 설치·운영하는 묘지에는 이 법이 적용되지 않습니다(제3조).[1]

3. 법률 용어와 내용

가. 매장

시체[2]나 유골을 땅에 묻어 장사하는 것을 말합니다. 태아는 민법상 사람[3]은 아니지만 임신 4개월 이후에 사망한 경우에는 시체로 규정하고 있습니다.

나. 화장

시체나 유골을 불에 태워 장사하는 것을 말하는데 매장과 마찬가지로 임신 4개월 이후의 죽은 태아도 포함됩니다. 시체나 유골을 화장하기 위한 시설을

화장시설이라고 합니다.

다. 자연장(自然葬)

　　화장한 유골의 골분을 수목·화초·잔디 밑이나 주변에 묻어서 장사하는 것을 말하며, 자연장으로 장사할 수 있는 구역을 자연장지라고 합니다. 또한 산림자원의 조성 및 관리에 관한 법률 규정에 의해 산림에 조성하는 자연장지를 수목장림이라고 합니다.

라. 개장(이장)

분묘

시체나 유골을 매장하는 시설, 즉 무덤

봉안

유골을 매장하는 시설에 안치하는 행위

　　매장한 시체나 유골을 다른 분묘에 묻거나 봉안시설에 옮기거나 화장·자연장하는 것을 말합니다. 봉안시설은 봉안묘·봉안당·봉안탑 등 유골을 안치하는 시설(납골시설)을 말합니다.

마. 묘지

분묘를 설치하는 구역을 말합니다.

바. 장사시설

묘지·화장시설·봉안시설·자연장지 및 장례식장 등이 이에 해당합니다.

사. 연고자

법 제2조 제16호는 사망한 자의 연고자에 대해 일정한 권리·의무를 부여하고 있는데 그 순위는 ① 배우자 ② 자녀 ③ 부모 ④ 자녀 외의 직계비속 ⑤ 부모 외의 직계존속 ⑥ 형제자매 순으로 하되 순위가 같은 자녀 또는 직계비속이 2명 이상이면 최근친의 연장자가 우선순위를 갖습니다.[4]

한편 고인이 사망하기 전에 치료·보호 또는 관리하고 있었던 다음의 관계자 및 관계기관 등도 연고자로서 권리와 의무가 있다는 점에 유의해야 합니다.

① 의료급여법시행령에 따른 특별자치도지사·시장·군수·구청장
② 노숙인 등의 복지 및 자립지원에 관한 법률 규정에 따른 노숙인복지시설의 장
③ 노인복지법상 노인주거복지시설 및 노인의료복지시설의 장
④ 장애인복지법상 장애인생활시설의 장
⑤ 정신보건법상 정신요양시설의 장
⑥ 아동복지법상 아동복지시설의 장

4. 매장 및 화장

가. 매장 및 화장의 시기와 장소

사망 또는 사산한 때부터 24시간 이후에야 매장 혹은 화장이 가능합니다. 이는 사망진단서 발급이나 부검 등에 필요한 최소 기간입니다. 하지만 다음과 같은 경우에는 사망 후 24시간이 지나지 않았더라도 매장하거나 화장할 수 있습니다(시행령 제5조).

① 다른 법률에 특별한 규정이 있는 경우
② 임신 7개월이 되기 전 태아가 사망한 경우
③ 감염병으로 사망한 시체(감염병 확산 방지를 위해 시장이 긴급조치가 필요하다고 인정하는 경우)인 경우
④ 뇌사판정을 받은 후 장기 등 적출이 끝난 시체인 경우

매장은 공설묘지나 사설묘지에서만 가능합니다. 화장도 화장시설에서만 해야 합니다. 단, 보건위생상 조치를 취한 후 사찰 경내에서 다비의식으로 화장하거나 화장시설이 없는 도서지역인 경우에는 예외적으로 인정됩니다.

나. 매장 · 화장 · 개장 및 자연장 등의 방법(제9, 10조)

매장 · 화장 및 개장을 하려면 공중위생에 해를 끼치지 않도록 위생적으로 처리해야 하며, 시체나 화장하지 않은 유골을 매장하려면 지면으로부터 1m 이상, 화장한 유골은 지면으로부터 30cm 이상이 되도록 파야 합니다.

화장은 유골을 완전히 태워야 하며 이때 환경오염발생물질이나 폭발위험물질이 포함되지 않도록 주의해야 합니다.

매장이나 화장한 시체를 개장하는 경우에도 이 기준은 동일하게 적용되며 개장으로 인한 종전의 분묘 등은 시체나 유골을 완전히 처리한 후에 묻어야 합니다.

자연장의 경우 화장한 유골을 쉽게 매장할 수 있도록 분골해야 합니다.

용기에 담아 묻는 경우에 그 용기는 자원절약과 재활용 촉진에 관한 법률 규정에 따른 생분해성수지제품이나 전분 등 천연소재로 만든 것이어야 합니다. 크기는 가로 · 세로 · 높이가 각각 30cm가 넘으면 안됩니다.

자연장은 반드시 지면에서 30cm 이상 파서 묻되 관을 사용하지 않는 경우에는 흙과 섞어서 묻어야 합니다. 유골의 골분 · 흙 · 용기 외에 나른 것들(유품 등)은 함께 묻을 수 없습니다.

다. 매장·화장·개장 및 자연장 등의 신고

유형	신고해야 할 대상 및 내용
매장인 경우	매장지를 관할하는 특별자치도지사, 시·군·구청장에게 신고(매장 이후 30일 이내)
화장인 경우	화장시설을 관할하는 시·군·구청장에게 미리 신고
이미 매장했던 시체·유골의 이장 및 화장하는 경우	시체·유골의 현존지와 이장할 지역을 관할하는 시·군·구청장에게 신고
이미 매장했던 시체·유골의 봉안 및 자연장하는 경우	시체·유골의 현존지를 관할하는 시·군·구청장에게 신고
봉안했던 유골을 이장하는 경우	개장지를 관할하는 시·군·구청장에게 신고
공설묘지·공설화장시설·공설봉안시설 및 공설자연장지를 이용하는 경우	해당 시설 등을 설치·조성 또는 관리하는 시·도지사, 시장·군수·구청장에게 신고

5. 무연고 시체 등의 처리(제12조)

　광역 시·도지사, 시·군·구청장은 해당 관할 구역 안에서 연고자가 없거나 연고자를 알 수 없는 시체를 발견·접수한 경우 이를 10년간 매장하거나 화장하여 봉안하고 그 기간이 지나면 일정한 장소에 집단으로 매장하거나 자연장해야 합니다.

무연고 시체 등을 화장하지 않고 매장 또는 봉안한 경우에는 화장을 해야 합니다. 무연고 시체 등을 처리한 이후에는 일정 사항을 명시하여 중앙 일간신문을 포함한 둘 이상의 일간지에 공고해야 합니다.

또한 관할 특별시·광역시·도·특별자치도 및 시·군·구 인터넷 홈페이지와 한 개 이상의 일간신문에 지체 없이 공고하고 이를 10년 이상 보존해야 합니다. 공고해야 하는 내용은 다음과 같습니다.

① 인적사항(사망자 등록기준지·주소·성명·성별·연령·사망일·사망원인과 얼굴사진 또는 시체의 특징에 관한 사항)

② 시체 발생상황(발생 장소, 발견 경위, 사망 당시의 착용 복장)

③ 매장·화장·봉안의 장소, 시기 및 기간

④ 연락처 등

6. 사설묘지 · 사설화장시설 · 자연장지 등의 설치

가. 사설묘지의 설치

일정한 요건을 갖추면 누구라도 개인묘지, 가족묘지, 종중·문중묘지 및 법인묘지 등 사설묘지를 설치·관리할 수 있습니다(제14조).

개인묘지의 경우에는 묘지를 설치한 후 30일 이내에 해당 묘지를 관할하는 시·군·구

개인묘지
1기의 분묘 또는 해당 분묘에 매장된 자와 배우자 관계였던 자의 분묘를 같은 구역 안에 설치하는 묘지

가족묘지
민법 규정에 따라 친족관계였던 자의 분묘를 같은 구역 안에 설치하는 묘지

종중 · 문중묘지
종중이나 문중 구성원의 분묘를 같은 구역 안에 설치하는 묘지

법인묘지
법인이 불특정 다수인의 분묘를 같은 구역 안에 설치하는 묘지

청장 등에게 그 사실을 신고해야 합니다.

　가족묘지는 친족관계가 있어야만 하는데 그 친족의 범위에 대해서는 민법 제777조에 규정되어 있습니다.

■ 민법상 친족의 범위

　1.　8촌 이내의 혈족

　2.　4촌 이내의 인척

　3.　배우자

　한편 가족묘지, 종중 · 문중묘지 또는 법인묘지를 설치 · 관리하려면 허가를 받아야 합니다. 이중 법인묘지는 민법에 따라 설립된 재단법인만이 설치 · 관리할 수 있습니다.

■ 민법상 법인에 관한 규정

법인성립의 준칙(제31조)
법인은 법률의 규정에 의함이 아니면 성립하지 못한다.

비영리법인의 설립과 허가(제32조)
학술, 종교, 자선, 기예, 사교 기타 영리아닌 사업을 목적으로 하는 사단 또는 재단은
주무관청의 허가를 얻어 이를 법인으로 할 수 있다.

재단법인의 정관(제43조)
재단법인의 설립자는 일정한 재산을 출연하고 제40조제1호 내지 제5호의 사항을 기
재한 정관을 작성하여 기명날인해야 한다.

증여, 유증에 관한 규정의 준용(제47조)
① 생전처분으로 재단법인을 설립하는 때에는 증여에 관한 규정을 준용한다.
② 유언으로 재단법인을 설립하는 때에는 유증에 관한 규정을 준용한다.

출연재산의 귀속시기(제48조)
① 생전처분으로 재단법인을 설립하는 때에는 출연재산은 법인이 성립된 때로
부터 법인의 재산이 된다.
② 유언으로 재단법인을 설립하는 때에는 출연재산은 유언의 효력이 발생한 때
로부터 법인에 귀속한 것으로 본다.

사설묘지의 설치면적, 분묘의 형태, 설치장소, 그 밖의 설치기준 등에 관
하여 필요한 사항에 대하여는 대통령령에서 이를 정하고 있습니다.

나. 사설화장시설 및 봉안시설의 설치

사설화장시설 또는 사설봉안시설을 설치·관리하려는 경우에는 보건복

지부령으로 정하는 바에 따라 그 사설화장시설 또는 사설봉안시설을 관할하는 시장·군수·구청장에게 신고해야 합니다.

한편 사설봉안시설의 시공자는 봉안시설 신고 여부를 반드시 확인해야 하고, 특히 유골 500구 이상을 안치할 수 있는 사설봉안시설을 설치·관리하려는 자는 법인묘지의 경우와 같이 봉안시설의 설치·관리를 목적으로 하는 재단법인을 설립해야 합니다.

다만 민법에 따라 친족관계였던 자 또는 종중·문중의 구성원 관계였던 자의 유골만을 안치하는 시설을 설치·관리하는 경우 등은 예외를 인정합니다.

사설화장시설 및 사설봉안시설의 면적, 설치장소, 그 밖의 설치기준 등에 관하여 필요한 사항에 대해서도 대통령령으로 정하고 있습니다.

다. 자연장지의 조성

개인·가족자연장지

면적이 100㎡ 미만인 것으로서 1구의 유골을 자연장하거나 「민법」에 따라 친족관계였던 자의 유골을 같은 구역 안에 자연장할 수 있는 구역

종중·문중자연장지

종중이나 문중 구성원의 유골을 같은 구역 안에 자연장 할 수 있는 구역

법인 등 자연장지

법인이나 종교단체가 불특정 다수인의 유골을 같은 구역 안에 자연장 할 수 있는 구역

개인·가족자연장지, 종중·문중자연장지, 법인 등 자연장지, 수목장림이나 그 밖의 자연장지를 조성할 수 있습니다.

먼저 개인·가족 자연장지는 자연장지 조성을 마친 후 30일 이내에, 종중·문중 자연장지는 보건복지부령으로 정하는 바에 따라 장지의 면적, 표지, 조성·관리인 등에 관한 사항을 명기하여 관할 시·군·구청장에게 신고해야 합니다.

단 재단법인이나 대통령령으로 정하는

공공법인 또는 종교단체 등은 미리 허가를 받아야 합니다.

　자연장지에는 사망자 및 연고자의 이름 등을 기록한 표지와 편의시설 이외의 시설은 설치할 수 없습니다. 장지의 종류별 면적, 자연장지에 설치하는 표지의 규격, 장지에 설치가 허용되는 편의시설의 종류 및 설치기준 등에 관한 사항은 대통령령으로 정하고 있습니다.

라. 묘지 · 화장시설 · 봉안시설 및 자연장지 등의 설치 제한

　다음 지역에는 묘지 · 화장시설 · 봉안시설 및 자연장지 등의 설치가 원칙적으로 제한됩니다.

① 국토계획 및 이용에 관한 법률에 따른 녹지지역 중 대통령령으로 정하는 지역
② 수도법에 따른 상수원보호구역
③ 문화재보호법에 따른 문화재보호구역
④ 그 밖에 대통령령으로 정하는 지역으로서 상수원수질보전구역, 하천구역, 농업진흥구역, 산림보호구역, 사방지, 군사기지 및 군사보호시설 등

7. 분묘

　법에서는 분묘의 점유면적, 상석 · 비석 등 시설물의 종류 및 크기, 분묘의 설치기간과 기간종료 후의 처리 등에 관해 각각 규정하고 있습니다.

가. 점유면적

개인묘지는 30㎡, 공설묘지, 가족묘지, 종중·문중묘지 및 법인묘지 안에서의 분묘 1기 및 그 분묘의 상석·비석 등 시설물을 설치하는 구역의 면적은 10㎡(합장하는 경우에는 15㎡)를 초과할 수 없습니다. 또한 봉안시설 중 봉안묘의 높이는 70cm, 봉안묘의 1기당 면적은 2㎡를 초과해서는 안됩니다.

분묘, 봉안묘 또는 봉안탑 1기당 설치할 수 있는 비석의 높이는 지면으로부터 2m 이내, 그 표면적은 3㎡ 이하로서 1개만 설치할 수 있고 상석은 크기 제한은 없으나 개수는 비석과 같이 1개만 설치해야 합니다.

이 외의 석물도 지면으로부터 2m 이내에서 1개 또는 1쌍까지 설치할 수 있지만 인물상은 설치할 수 없습니다. 그리고 묘지, 봉안묘지, 봉안탑 내 구역에서만 설치가 가능합니다.

나. 설치기간

사설묘지의 분묘 설치기간은 15년을 원칙으로 하되 법인묘지의 경우 한 번에 15년씩 3번까지 기간을 연장 신청할 수 있습니다.

하지만 시·도지사 또는 시·군·구청장이 관할 구역 안의 묘지 수급을 위하여 필요하다고 인정하면 조례를 통해 5년 이상 15년 미만의 기간 안에서 분묘 설치기간의 연장 기간을 단축할 수 있습니다.

합장 분묘인 경우에는 합장된 날을 기준으로 분묘설치기간을 계산합니다.

다. 설치기간 종료 후의 분묘처리

설치기간이 끝난 분묘의 연고자는 설치기간이 끝난 날부터 1년 이내에 해당 분묘에 설치된 시설물을 철거하고 매장된 유골을 화장하거나 봉안해야 합니다.

만일 연고자가 이를 행하지 않는 경우 공설묘지 또는 사설묘지의 설치자가 해당 분묘에 설치된 시설물을 철거하고 매장된 유골을 화장하여 일정기간 봉안할 수 있습니다. 다만 설치자가 이러한 조치를 하려면 시행규칙 제14조에서 정한 방법과 절차에 따라야 합니다.

■ 설치기간이 지난 분묘의 처리방법 (규칙 제14조)

① 법 제20조 제3항에 따른 공설묘지 또는 사설묘지의 설치자가 설치기간이 지난 분묘의 처리를 하는 경우 그 통보 및 공고기간·방법·절차 등은 다음 각 호와 같다.
　1.　묘지의 연고자를 알고 있는 경우 : 법 제20조 제2항에 따른 조치를 하기 3개월 전에 다음 각 목의 사항을 문서로 표시하여 해당 분묘의 연고자에게 알릴 것
　　가. 묘지 또는 분묘의 위치 및 장소
　　나. 개장사유, 개장 후 안치 장소 및 기간
　　다. 공설묘지 또는 사설묘지 설치자의 성명·주소 및 연락방법
　　라. 그 밖에 개장에 필요한 사항
　2　묘지의 연고자를 알 수 없는 경우 : 법 제20조 제2항에 따른 조치를 하기 3개월 전에 중앙일간신문을 포함한 둘 이상의 일간신문 또는 관할 시·도 및 시·군·구 인터넷 홈페이지와 하나 이상의 일간신문에 제1호 각 목의 사항을 2회 이상 공고하되, 두 번째 공고는 첫 번째 공고일부터 1개월이 지난 후 다시 할 것
② 사설묘지의 설치자가 법 제20조 제2항에 따라 설치기간이 끝난 분묘를 처리하기 위하여 제2조 제3항에 따른 개장신고를 하려는 경우에는 제1항에 따른 통보문 또는 공고문을 첨부하여야 한다.

라. 묘지의 사전 매매 등 금지조치(제21조)

매장될 사람이 사망하기 전에는 묘지를 매매하거나 양도할 수 없으며 임대·사용계약 등도 원칙적으로 금지됩니다.

다음의 경우에는 예외적으로 인정됩니다.

① 70세 이상인 자가 묘지용으로 사용하기 위한 경우
② 장기 등 이식에 관한 법률 제4조 제5호에 따른 뇌사자의 묘지용으로 사용하기 위한 경우
③ 질병 등으로 6개월 이내에 사망이 예측되는 자의 묘지용으로 사용하기 위한 경우(의사의 진단서를 첨부해야 함)
④ 매장된 자의 배우자와 합장을 하기 위한 경우
⑤ 공설묘지 수급을 위해 지방자치단체의 조례로 정하는 경우에는 예외적으로 인정

마. 묘지 등에 대한 사용료 및 관리비(제23조)

지방자치단체가 설치·관리하는 공설묘지·공설화장시설·공설봉안시설 및 공설자연시설에 대해서는 해당 지자체의 조례로 이를 사용하는 자에게 사용료 또는 관리비 등을 부과할 수 있습니다. 이때 사용료나 관리비는 토지가격, 시설물 설치·조성비용, 지역주민 복지증진 등을 고려하여 정합니다.

단 국민기초생활 보장법에 따른 수급자나 국가보훈기본법에 따른 희생·공헌자인 경우에는 그 사용료 전액을 면제합니다.

법인묘지 · 사설화장시설 · 사설봉안시설 또는 사설자연장지 등도 사용료 및 관리비를 징수할 수 있는데 이때는 그 금액을 시 · 군 · 구청장에게 신고해야 하고, 그 신고한 사용료 및 관리비를 비롯한 상석 · 비석 등의 시설물 및 장례용품의 품목별 가격을 표시한 가격표는 이용자가 보기 쉬운 곳에 게시해야 합니다. 이 외의 금품은 받을 수 없습니다.

바. 장사시설의 폐지(제26조)

사설묘지, 사설자연장지, 사설화장시설, 사설봉안시설 등을 폐지하려는 자는 관할 시 · 군 · 구청장 등에게 신고하여야 합니다.

8. 무연분묘의 처리

가. 분묘기지권

분묘기지권이란 타인의 토지 위에 있는 분묘를 소유하기 위해 관습법상 인정되는 지상권과 유사한 일종의 물권을 말합니다.
판례에 의하면 다음 중 한 가지 요건만 갖추면 분묘기지권이 성립합니다.

① 타인의 소유지 내에 그 토지 소유자의 승낙을 얻어 분묘를 설치한 경우
② 토지 소유자의 승낙을 받지 않았더라도 분묘를 설치하고 20년 동안 평온 · 공연하게 점유함으로써 지상권으로서의 분묘기지권을 시효취득하는 경우
③ 자기 소유의 토지에 분묘를 설치한 자가 분묘에 관해서는 별도의 특약이 없이 토지만을 타인에게 처분한 경우

단, 분묘 내부에 시신이 안장되어 있지 않거나 가묘인 경우에는 인정되지 않습니다.

분묘기지권은 그 분묘가 설치된 기지 뿐 아니라 분묘의 설치 목적인 분묘의 수호 및 제사에 필요한 범위 안에서 분묘기지 주변의 빈 땅을 포함한 지역까지 포함됩니다. 따라서 그 범위에서 분묘소유자는 권리가 침해된 경우 그 침해의 배제를 청구할 수 있습니다.

분묘기지권은 당사자 사이에 약정이 있는 등 특별한 사정이 있으면 그에 따르고 특별한 사정이 없는 경우에는 권리자가 분묘의 수호와 봉사를 계속하고 그 분묘가 존속하고 있는 동안까지 지속합니다(지상권에 관한 민법 제280조 및 제281조 규정 적용 안 됨).

토지소유자가 분묘기지의 사용 대가를 청구하는 문제에 대해 다음과 같은 의견이 있습니다.

분묘 기지권 관련 사항	지료에 대한 판례
토지 소유자의 승낙을 얻어 분묘를 설치한 경우	사용료에 대한 약정이 있으면 그에 따르되 만일 약정이 없는 때에는 무상
분묘기지권을 시효취득하는 경우	무상
토지를 처분함으로써 분묘기지권을 획득한 경우	법정지상권에 관한 규정(민법 제366조 단서)을 적용하여 지료를 결정

또한 관습법상의 지상권은 분묘 자체가 공시의 기능을 하고 있기 때문에 등기할 필요는 없으나 분묘가 평장(봉분을 만들지 않고 평평하게 매장하는 것)되거나 암장된 경우에는 분묘기지권은 인정되지 않는다고 합니다(판례).

나. 무연분묘 등의 처리(제27, 28조)

토지 소유자의 승낙 없이 해당 토지에 설치한 분묘나 묘지 설치자 또는 연고자의 승낙 없이 해당 묘지에 설치한 분묘(무연분묘)인 경우에는 분묘기지권이 인정되지 않습니다.

토지 소유자·점유자 및 그 밖의 관리인, 묘지 설치자 또는 연고자는 그 분묘를 관할하는 시·군·구청장의 허가를 받아 분묘에 매장된 시체 또는 유골을 개장할 수 있습니다.

이때 토지 소유자, 묘지 설치자 또는 연고자는 3개월 이상의 기간을 정하여 미리 그 뜻을 해당 분묘 설치자 또는 연고자에게 알려야 하고, 해당 분묘의 연고자를 알 수 없으면 그 뜻을 공고해야 합니다.

토지 소유자 등이 시·군·구청장으로부터 개장 허가를 받게 되면 그 분묘의 연고자는 해당 토지 소유자, 묘지 설치자 또는 연고자에게 토지 사용권이나 그 밖에 분묘의 보존을 위한 권리를 주장할 수 없습니다.

토지 소유자나 자연장지 조성자의 승낙 없이 다른 사람 소유의 토지·자연장지에 자연장을 한 자나 그 연고자는 해당 토지 소유자나 자연장지 조성자에게 토지사용권이나 그 밖에 자연장 보존을 위한 권리를 주장할 수 없습니다.

보건복지부장관, 시·도지사 또는 시장·군수·구청장은 묘지 등의 수급계획 수립을 위해 일제 조사를 할 수 있으며 이때 무연분묘에 대해서는 매장된 시체 또는 유골을 화장하여 일정 기간 봉안할 수 있습니다. 단 봉안한 유골의 연고자가 확인을 요구하면 그 요구에 따라야 합니다.

9. 장례식장·장례지도사 및 장례지도사교육기관 등

가. 장례식장(제29조)

장례식장이란 장례의식을 치르는 장소로서 그 등록과 관리에 대해 법으로 규정하고 있습니다. 시·군·구청장은 관할 구역 안에 있는 장례식장의 사업자등록 현황에 관한 자료를 유지·관리해야 할 책무가 있으며 장례식 영업을 하는 자에 대해서는 시체의 위생적 보관(관리), 장례식장 임대료(계산방법 포함),[5] 장례에 관련된 수수료 및 장례용품에 대한 품목별 가격의 게시, 이 외의 금품 수임금지 등에 관하여 의무를 부과하고 있습니다.

나. 장례지도사(제29조의 2)

장례지도사(장의사, 상례사)란 시체의 위생적 관리와 장사업무에 관한 전문지식을 가진 사람으로서 시·도지사로부터 장례지도사 자격을 부여받은 자를 말합니다. 따라서 장례지도사가 유족과의 장례절차 상담, 장례용품의 준비, 시신관리, 장례식 주관 등 장례를 종합적으로 관리합니다.[6]

장례전문인력에 관한 자격은 1981년 염사제도가 최초로 시행되었으나 1993년 이 제도가 폐지됨에 따라 장례식장 등 현장에서는 민간자격증 취득 등 자율적인 형태로 운영되어 왔습니다. 이후 2011년 8월 법이 개정되면서 장례지도사 자격에 관한 내용을 법률로 규정하였고 현재에 이르고 있습니다.

이 법에 따라 장례지도사가 되려는 사람이 장례지도사교육기관에서 교육과정을 마치면 무시험검정에 따라 자격증을 교부받게 됩니다.

하지만 다음과 같은 경우에는 장례지도사 자격을 취득할 수 없거나 자격을 정지당할 수 있습니다.

장례지도사 결격사유 (제29조의 4)	장례지도사 자격 취소 및 정지사유 (제29조의 5)
① 금치산자 및 한정치산자[7]	① 거짓이나 그 밖에 부정한 방법으로 자격증을 교부받은 경우
② 정신보건법 규정에 따른 정신질환자[8]	② 장례지도사 결격사유에 해당하게 된 경우
③ 마약·대마 또는 향정신성의약품 중독자	③ 장례지도사 자격증을 대여한 경우
④ 금고 이상의 형을 선고받고 그 형의 집행이 종료되지 않았거나 집행이 면제되지 않은 자	④ 형법 제158조[9]를 위반하여 징역 이상의 형의 선고를 받은 경우

한편 ③과 ④에 해당하면 6개월 범위에서 자격이 정지될 수 있습니다. 단 시·도지사가 자격의 취소 또는 정지를 하려면 청문을 해야 합니다.

장례지도사가 되기 위해서는 〈시행규칙 별표 2〉에서 정한 교육 및 평가과정을 이수해야 합니다.

다. 장례지도사 교육기관(제29조의 3)

장례지도사 교육은 장례지도사 교육기관에서만 할 수 있는데 교육하는 기관을 설치하려면 〈시행규칙 별표 3〉에서 정한 시설과 인력기준 등을 갖추고 시·도지사에게 신고해야 합니다.

10. 장사시설 정비·제한명령·시정명령 및 벌칙

가. 장사시설 등의 정비 및 제한명령(제30조)

시·도지사 또는 시·군·구청장 등은 감염병의 전파 등으로 인하여 보건위생상 위해를 주거나 줄 우려가 있을 때, 풍수해 등의 재해로 토사유출, 지반붕괴 등으로 인근지역에 피해를 주거나 줄 우려가 있을 때에는 장사시설의 설치·조성자 또는 관리자에게 그 시설의 안전관리를 위한 정비·개선명령을 하거나 전부 또는 일부 사용을 제한할 수 있습니다.

나. 사설묘지설치자 등에 대한 처분 및 과징금

사설묘지·사설화장시설·사설봉안시설 및 사설자연장지의 연고자 또는 설치·조성자가 법 제31조에서 정한 사항에 해당되면 시·군·구청장은 이들에게 묘지·봉안시설 또는 자연장지의 이전·개수, 허가취소, 시설의 폐쇄, 시설의 전부·일부의 사용 금지 및 6개월 범위 내에서 업무의 정지를 명할 수 있습니다(제31조).

단 사설묘지설치자 등에 대한 허가의 취소, 시설의 폐쇄명령은 청문을 해야 합니다.

이러한 처분이 이용자에게 큰 불편을 주거나 그 밖에 현저하게 공익을 해칠 우려가 있으면 시·군·구청장은 그 처분 대신 3천만원 이하의 범위 내에서 과징금을 부과할 수 있습니다(제35조).

다. 벌칙·과태료, 양벌규정 및 이행강제금 등

이 법에서 정한 강제규정을 위반한 경우 징역·벌금 등의 형사처벌을 할 수 있고 또한 법인의 대표자, 대리인, 사용인, 그 밖의 종업원이 그 법인의 업무에 관하여 위반행위를 한 경우에는 그 행위자 뿐 아니라 법인에도 벌금형을 부과할 수 있습니다.

11. 역사적 보존가치가 있는 묘지 등에 관한 특례(제34조)

보건복지부장관, 시·도지사는 다음과 같은 경우 보존묘지심사위원회의 심의를 거쳐 보존묘지나 보존분묘로 지정할 수 있습니다.

① 역사적·문화적으로 보존가치가 있는 묘지 또는 분묘
② 애국정신을 기르는 데 이바지하는 묘지 또는 분묘
③ 국가장·사회장 등을 하여 국민의 추모 대상이 되는 사람의 묘지 또는 분묘

이를 해지[10]하는 경우도 마찬가지입니다. 이와 관련된 보존묘지심사위원회의 구성·운영, 지정의 기준·절차, 보존묘지 또는 분묘의 관리 등에 관하여 필요한 사항은 대통령령으로 정하고 있습니다.

12. 유산·유품정리와의 관계

장사법은 고인이나 유족 등의 문의, 관련기관에서의 의뢰, 연계요청 등의 과정에서 밀접한 관련이 있는 문제입니다.

따라서 유산·유품정리서비스를 제공하는 전문가라면 당연히 관련 지식이 있어야 합니다. 하지만 유산·유품정리사와 장례지도사는 역할이나 수행해야 할 업무가 각자 다르다는 점을 유의하고 고인이나 유족들에게 적절한 도움을 제공한다는 측면에서 이를 이해하고 접근해야 합니다.

1) 국립묘지의 설치 및 운영에 관한 법률이 적용된다(법률 제11940호, 시행 2013. 7. 16), 일
부 개정.

2) 임신 4개월 이후에 죽은 태아도 해당.

3) 민법 제3조「사람은 생존한 동안 권리와 의무의 주체가 된다」. 언제부터 사람이
되는가에 관하여 우리 판례와 학설은 전부노출설을 취하고 있기 때문에 태아는 이
에 해당되지 않는다. 한편 사람에는 자연인과 법인이 있는데 이에 관해는 민법에
서 각각 다루고 있다.

4) 상속법상의 상속순위는 직계비속이 1순위이고 직계존속이 2순위이며 배우자는 1,
2순위자와 같은 순위가 되지만 본 규정에 따르면 사망자의 연고자는 배우자가 직
계비속이나 직계존속보다 우선순위에 있게 되는 특징이 있다.

5) 임대료는 오전 12시부터 다음 날 오전 12시까지를 1일로 계산하도록 한다.

6) 한국직업사전.

7) 민법개정에 따라 현재는 피성년후견인으로 용어가 바뀌었다. 한편 이 법에는 명시
되어 있지 않지만 미성년자도 장례지도사 결격사유에 해당하는 것으로 봐야 한다.

8) 정신건강의학과 전문의가 장례지도사에 적합하다고 인정하는 사람은 예외로 한다.

9) 형법 제158조(장례식등의 방해) 장례식, 제사, 예배 또는 설교를 방해한 자는 3년 이
하의 징역 또는 500만원 이하의 벌금에 처한다.

10) 법률상으로는 이를 해제라고 표현한다.

제 3 장

민사법론

01

유산·유품정리에 관한 민사법적 문제 및 사회복지서비스와의 관련성

1. 사법관계

개인의 사회생활을 규율하는 사법관계는 규제 대상에 따라 재산관계(경제적 생활관계)와 가족관계(가족적 생활관계)로 구분됩니다. 전자를 규율하는 법규가 재산법이고 후자를 가족법(신분법)이라고 합니다.

재산법은 민법상의 물권법, 채권법, 상법 등으로 구분되며 합리적인 경제관계를 바탕으로 합니다.

즉 「소유권절대의 원칙」, 「계약자유의 원칙」, 「과실책임의 원칙」 등과 같은 지도이념에 따른 동적 안정성이나 외관 존중을 중요하게 생각하기 때문에 이에 관한 규정은 대부분 임의규정이며 강행규정은 예외적으로 인정됩니다.

한편 가족법은 민법상 친족법·상속법으로 구분됩니다. 상속법은 피상속인의 사망으로 인한 재산의 상속이나 사인처분에 대해 규정하기 때문에 재산법적 성격이 있지만 그 범위가 친족관계에 미치는 것이 일반적이기 때문에 가족법의 일부로 봅니다.

하지만 가족법은 공동사회의 존속과 안정을 위한 것이기 때문에 비타산적 · 정의적 · 숙명적 · 보수적 · 고유적 성격을 띱니다. 따라서 신분법은 재산법과 달리 정적 안정과 진실존중이 중요하며 강행규정이 많습니다.[1]

2. 법률관계와 법률행위

사람의 생활관계 중 법률에 의한 관계를 법률관계라고 합니다. 이러한 법률관계는 근로자와 사용자 사이의 보수청구권과 지급의무처럼 권리와 의무가 서로 얽히면서 나타납니다. 이를 권리라는 측면에서 보면 어떤 권리가 발생 · 변경 소멸하는 형태를 띠게 되는데, 이러한 권리변동[2]은 법률행위 뿐 아니라 법률 규정으로도 발생 · 변경 · 소멸할 수 있습니다.[3]

① 권리발생 : 원시취득 · 승계취득

② 권리변경 : 주체이 변경,[4] 내용의 변경,[5] 작용의 변경[6]

③ 권리소멸 : 어떤 권리가 권리주체로부터 이탈(절대적 소멸),[7] 권리 자체는 소멸하지 않고 권리 주체만 바뀌는 형태(객관적 소멸)[8]

권리변동은 법률 규정에 의한 것을 제외하고는 대부분 자신의 의사대로 결결정한대로 그 효과가 나타나게 됩니다.

법률행위란 일정한 법률효과의 발생을 목적으로 하는 한 개 또는 그 이상의 의사표시[9]를 요소로 하는 법률요건입니다.[10] 따라서 법률행위는 법률이 그 표시한 의사의 내용에 따라 권리변동의 효과를 인정한다는 것을 의미합니다.

이러한 법률행위에는 단독행위, 계약 그리고 합동행위가 있습니다.

가. 단독행위

권리주체인 한쪽 당사자의 의사표시만으로 성립하는 법률행위로서 일방행위라고도 합니다. 단독행위는 상대방의 의사를 필요로 하지 않으며 행위자 일방의 의사대로 법률효과가 발생한다는 특징이 있습니다.

법정대리인의 동의, 채무의 면제, 매매계약의 해제, 위임계약의 해지 등은 상대방이 있는 경우의 단독행위이고, 유언, 재단법인 설립행위, 소유권의 포기, 상속의 승인과 포기 등은 상대방이 없는 경우입니다.

나. 계약

계약이란 두 명 이상의 권리주체가 서로 대립하는 의사표시를 하고, 그 의사표시가 내용적으로 합치함으로써 성립하는 법률행위입니다. 예를 들어 어떤 물건을 사겠다는 의사표시(청약)와 팔겠다는 의사표시(승낙) 등을 말합니다.

계약은 사법 뿐 아니라 공법 영역에도 존재하며 현대사회에서 가장 일반적으로 나타나는 법률문제입니다.

반면 당사자의 의사가 서로 대립하는 방향이 아니라 다수 당사자의 의사 표시가 방향을 같이 하여 성립하는 법률행위가 있는데 이를 합동행위라고 합니다. 사단법인 설립 등의 행위가 이에 해당합니다. 하지만 의사표시 방향으로 이를 구분하는 것은 일종의 비유적 묘사에 불과하기 때문에 합동행위도 계약의 일종으로 보는 것이 더 타당합니다.

3. 유산 · 유품정리서비스와 법적 문제

가. 유산 · 유품정리서비스와 민사법적 문제

유산 · 유품의 정리를 가족이 아닌 제3자에게 의뢰하는 경우 「유언에 의한 방법」과 「계약에 의한 방법」으로 나누어 생각해볼 수 있습니다.

1) 유언에 의한 유산 · 유품정리

고인의 유언에 따라 유산 · 유품을 정리하거나 처분하는 것을 의미하는데, 유언장에 고인이 사망한 뒤 자신의 재산 즉 유산이나 유품에 대해 누구에게 어떤 방식으로 처리하게 할 것인지 등을 미리 정해놓고 그 내용에 따르도록 하는 것을 말합니다.

즉 유언자는 유언을 통해 자신의 재산이나 상속에 관한 사항을 미리 정할 수 있으며 여기에는 유증 · 재단법인 설립 · 신탁 등도 포함됩니다.

예를 들어 유언자가 유산 · 유품정리서비스제공기관에게 유증이나 신탁을 한 경우 그 기관은 법률에 따라 사무를 수행하면 됩니다. 즉 유언자가 유언장에 유산·유품정리서비스제공기관을 수증자로 하여 자신의 유산이나 유품의 종류·내용, 가액 등을 특정하였다면 기관은 당연히 유품 등에 관해 유언장에서 정한 바에 따른 권리를 갖게 됩니다.

한편 유언자가 서비스제공기관에 유산·유품의 정리만 의뢰한 경우라면 이는 법정 유언사항이 아니므로 상속인 등은 이를 이행해야 할 의무는 없습니다. 단 유언자가 서비스제공기관이나 담당자 등을 유언집행자로 지정하고 유산·유품정리를 함께 의뢰했을 경우에는 이를 달리 보아야 합니다.

Q⁰⁵ 신탁이란?

A⁰⁵ 양 당사자간의 신뢰관계를 바탕으로 위탁자가 수탁자에게 특정한 재산을 이전하거나 그 밖의 처분을 하고, 수탁자로 하여금 수익자의 이익이나 특정한 목적에 사용하도록 하기 위해 그 재산권을 관리 및 처분하게 하는 법률관계를 말합니다(신탁법 제2조).

신탁은 위탁자와 수탁자 간의 계약, 위탁자의 유언 등의 방법으로 할 수 있습니다.

수탁자는 선량한 관리자의 주의의무, 비용상환청구권 및 보수청구권을 비롯한 각종 권리와 의무를 지게 됩니다(제31조 내지 제55조). 신탁행위 당시에는 수익자를 누군가로 정하거나 존재하지 않아도 됩니다. 수익자의 권리는 원칙적으로 수익에 대한 의사표시가 없어도 발생합니다.

2) 계약에 의한 유산·유품의 정리

계약에 의한 유산·유품의 정리는 고인과의 계약 뿐 아니라 유가족과의 계약에 의해서도 성립됩니다. 이때 계약은 그 내용에 따라 민법상 위임·도급 또는 임치, 나아가 상법상의 규정 등도 적용될 수 있습니다.

고인이 생전에 자유의지로 유산·유품정리에 관한 계약을 체결하고, 살아있을 때 혹은 사망 후에 계약 내용에 따라 이를 처리하도록 할 수 있습니다. 또한 유가족과의 계약을 통해서도 이를 정리·처리할 수 있습니다.

유산·유품정리 업무를 할 때 해당 유산·유품에 대한 소유권을 기관에 양도한 경우가 아니라면 기관은 선량한 관리자의 주의의무로 사무를 처리하고, 유품 인수·판매 등으로 발생한 수익을 상속인에게 반환해야 합니다. 이는 고인과의 계약이든 유가족의 의뢰이든 동일합니다.

유가족이 유산·유품정리를 의뢰하는 경우 단독상속이 아니라면 공동 순위를 가진 상속인 모두와 계약을 체결하거나 공동상속인들이 지정한 위임자와 계약을 체결하고 사무를 처리해야 하는 상황도 생길 수 있습니다.

이를 고려하지 않고 유산·유품의 정리나 처분에 관한 계약을 체결하여 사무를 처리한 경우에는 비록 기관이 선의로서[11] 주의의무를 다하여 업무를 수행했다 하더라도 손해배상과 같은 책임을 질 수도 있기 때문에 주의해야 합니다.

3) 유산·유품정리서비스와 비용 청구

유산·유품정리서비스를 제공하게 되면 그에 따른 비용 문제가 발생합니다.[12] 이때 유가족 등과 계약을 맺은 경우라면 해당 유가족에게 비용을 청구하면 됩니다.

고인의 유언 혹은 고인과의 계약으로 서비스를 제공하는 경우에는 2가지로 나누어 생각해볼 수 있습니다.

⑺ 고인이 생전에 서비스제공기관에 비용을 미리 지급한 경우

이런 경우 특별한 문제는 없습니다. 하지만 고인의 사망 이후 정리해야 할 재산이 늘어났거나 미처 포함하지 못한 유산·유품이 발견되어 정리해야 하는 경우에는 추가된 비용에 대한 청구 문제가 발생할 수 있는데, 이때는 민법 규정이나 양 당사자 간의 약정에 의해 결정하게 됩니다.

⑷ 고인의 사망 이후에 비용을 청구하는 경우

유가족이 있다면 그에게 청구하면 되겠지만 무연고자이거나 유가족이 나타나지 않을 때는 어려움에 처할 수 있습니다. 이런 문제를 미연에 방지하기 위해 공정증서 등을 적극 활용하는 것이 좋습니다.

4) 공정증서

공정증서란 임명공증인·인가공증인 등이 법률행위 및 기타 사적권리에 관한 사실과 관련하여 작성하는 증서입니다(공증인법 제2조 제1호).

공정증서는 금전거래를 비롯한 일상적인 법률관계에서 발생할 수 있는 각종 분쟁을 방지하기 위한 것으로서, 공적 자격이 있는 공증인을 통해 당사자들의 계약을 증명하게 하여 분쟁의 소지를 미연에 예방하는 제도입니다.

공정증서는 민사재판이나 형사재판 등에서 공문서로서 강력한 증거력(민사소송법 제356조)이 있고, 강제집행에 있어서 집행권원으로서의 집행력을

지닙니다(민사집행법 제56조 제4호). 이렇듯 공정증서는 판결문과 같은 효력이 있기 때문에 기관이 유산·유품정리에 관한 계약을 할 때는 공증을 해 두는 것이 좋습니다.

공증은 일반적으로 공증인가를 받은 합동법률사무소, 법무법인 및 임명된 공증인이 담당합니다. 국어를 사용하는 것이 원칙이지만 촉탁인의 요구가 있을 때는 외국어를 병기할 수 있습니다.

공증에는 여러 종류가 있는데 일반적으로는 ① 어음·금전·소비대차계약에 관한 공정증서의 공증 ② 차용증·매매계약서에 관한 사서증서의 공증 ③ 유언공증 등이 사용됩니다.

Q⁰⁶ 임명공증인·인가공증인이란?

A⁰⁶ 임명공증인이란 공증(公證)에 관한 직무를 수행할 수 있도록 법무부장관으로부터 그러한 임무를 임명 받은 사람을 말합니다(공증인법 제1조의2 제1호).

인가공증인이란 「변호사법」에 따라 설립된 법무법인 등이 2명 이상의 공증담당변호사를 두고 법무부장관으로부터 공증인가를 받은 자를 말합니다(공증인법 제1조의2 제1호 및 제15조의2).

나. 사회복지서비스와의 관련성

노인장기요양보험, 노인돌봄서비스 및 여러 사회서비스 등의 시행은 노인이나 장애인의 사회복지서비스 이용에 관한 법률관계를 크게 변화시켰습니다. 즉 조치제도에서 계약제도로의 변화입니다.

이전의 사회복지서비스는 주로 조치적 성격이 강했는데 이는 행정기관이 서비스제공 여부나 서비스내용을 결정한 뒤에 서비스제공자에게 필요한 재원이나 비용을 지급하는 형태를 말합니다.

하지만 노인장기요양보험법 등에서는 노인(성년후견인이나 가족 포함)과 서비스제공자가 서비스 이용에 관한 계약을 체결하고, 이에 따른 서비스에 대해 보험자(국민건강보험공단)가 보험급여를 해당 사업자에게 지급하게 됩니다. 즉 계약을 통해 사업자가 제공하는 서비스 비용의 전액 또는 일부를 보험자 또는 행정기관이 부담하는 구조입니다.[13]

한편 유산 · 유품정리서비스를 고인이나 유가족과의 계약이 아닌 사회복지서비스 형태(특히 무료 · 공공서비스)로 제공하는 경우에는 조치와 계약의 성격을 동시에 지니게 됩니다.

앞에서도 언급한 것처럼 우리나라는 시장형 유산 · 유품정리서비스 못지않게 사회복지형 서비스에 대한 욕구가 많을 것으로 예상됩니다.

예를 들어 국가 혹은 지방자치단체가 무연고자 · 행려자 · 노숙인 또는 저소득 독거노인의 유산 · 유품정리를 위해 필요한 재원을 마련하고, 서비스대상자(수급자) 기준 및 구체적인 서비스 제공방법을 결정하여 수탁사업자에게 인건비와 사업비(보조금)를 일괄 지급하는 방식으로 운영한다면 이는 조치의 성격을 띠게 됩니다.

또는 국가 혹은 지방자치단체가 각 수급자별로 유산 · 유품정리에 소요되는 재원을 마련하고, 사업자가 서비스 제공 비용을 청구할 때마다 소요비용을 지급하는 형태도 가능한데, 이때는 노인장기요양보험이나 노인돌봄서비스처럼 사회서비스로서의 계약과 같은 성격을 띠게 됩니다.

어느 쪽이든 유산 · 유품의 처분 · 인도 · 상속 관련 수급자 또는 상속인과 기관 사이의 계약관계는 여전히 존재할 것입니다.[14] 게다가 국가 또는 지방자치단체와 기관의 공적 계약관계는 필수적인 요건입니다. 이 계약관계에는 수급자의 유산·유품에 대한 처분방법이나 귀속주체에 관한 사항도 포함됩니다.

따라서 이 서비스가 사회복지서비스 형태로 제공된다 하더라도 유산·유품을 어떻게 다뤄야 할 것인지에 대해서는 위에서 말한 계약 내용들이 여기에도 유효하게 적용된다는 점을 인식해야 합니다.

다음으로 최근 시행된 성년후견제도와의 관계에 대해 생각해볼 수 있습니다. 성년후견제도는 민법에서 다루고 있지만 사회복지서비스의 성격을 지니고 있습니다.

예를 들어 치매노인에게 적절한 사회복지서비스나 의료서비스를 이용할 수 있게 하려면 이에 대한 사전적·사후적 결정이나 조치가 중요한 과제가 됩니다. 이런 경우 이들을 보호하면서 동시에 독립성 보장을 실현하기 위해 성년후견제도가 도입되었습니다.

성년후견인을 두고 있던 무연고 치매노인이 사망한 경우 성년후견인의 임무도 그 시점에서 함께 종료되는 것인지 생각해봐야 합니다.

비록 보호하고 있던 노인이 사망하더라도 성년후견인은 그의 유산이나 유품의 정리·처분 등의 사무까지 수행해야 그 임무가 종료되는 것이라고 생각합니다.

치매노인이 무연고자는 아니지만 법원의 결정이나 유가족 등의 요청에 의해서도 동일한 상황이 발생할 수 있습니다.

또한 무연고·독거노인 등을 위한 성년후견센터가 설치·운영된다면 관련 서비스로서 유산·유품정리서비스에 대한 수요가 반드시 생기게 될 것입니다.

그러므로 우리 사회에서 유산·유품정리서비스가 사회복지서비스와 긴밀한 관련을 가지고 있다는 점을 인식하고 이 서비스에 대한 진정한 의미와 역할을 고려하여 유언이나 상속 뿐 아니라 성년후견을 비롯한 각종 사회복지제도에 대해 깊이 이해할 수 있게 노력해야 합니다.

1) 이시윤 외, 『법률용어사전』 2006년(청림출판), pp 533.

2) ex) 부양의 정도 또는 방법에 관해 당사자 사이에 협정이 없을 때 법원은 당사자
   의 청구에 의해 부양받을 자의 생활정도와 부양의무자의 자력 및 기타 제반사
   정을 참작하여 이를 정한다(제977조).

3) 김형배, 『민법학강의(제5판)』 2006년(신조사), pp 45.

4) ex) 권리자가 바뀌는 경우.

5) ex) 저당권 등에서의 대물변제(제466조) 채무자가 채권자의 승낙을 얻어 본래의 채무
   이행을 대신하여 다른 방식으로 지급한 경우에는 변제와 같은 효력이 있다.

6) ex) 저당권 순위가 올라가는 경우.

7) ex) 소멸시효.

8) ex) 매매로 인해 매도인이 소유권을 상실하는 경우.

9) 일정한 법률효과의 발생을 목적으로 이를 외부에 표시하는 행위.

10) 김형배, pp 45~46.

11) 유산·유품정리서비스 제공기관과 고인 및 유가족의 계약은 일반적인 민사거래
    이상의 상거래(상행위) 계약을 의미하므로 기관은 당연히 누가 상속권자인지 확인
    해야 할 의무가 있다.

12) 지방자치단체가 위탁하여 무료·공공서비스로 제공하는 경우는 예외이며 이에 대
    해서는 사회복지서비스와의 관련성에서 다루기로 한다.

13) 岩村正彦 編, 『福祉サービス契約の法的研究』, 2007(信山社).

14) 수급자가 무연고자여서 사망 이후에 유산·유품정리서비스가 시작되는 경우는 예외.

02

성년후견제도

I. 성년후견제도의 개요

1. 성년후견제도 도입 배경

우리나라는 2008년 7월 노인장기요양보험법과 함께 노인돌봄서비스 등 사회서비스가 시행되었고, 2011년 10월에 장애인활동지원제도가 신설되었습니다. 이는 노인복지나 장애인복지 관련 서비스제공의 법적 구조를 조치에서 계약으로 바꾸는 근본적인 전환이었습니다. 조치제도가 지니고 있던 이용자의 법적 지위에 관한 문제, 복지서비스의 경직성에 관한 문제, 사업 효율성에 관한 문제, 서비스의 질적 보장에 관한 문제 등을 일정부분 해결할 수 있을만한 방식으로 평가되고 있습니다.

계약은 기본적으로 서비스제공자, 서비스 종류와 내용 등을 이용자가 스스로 선택하는 것이 전제됩니다. 즉 이용자와 복지서비스사업자의 계약도 소비자 계약적 성격을 띠게 됩니다.[1] 그러므로 근대 민법의 기본원리인 사적 자치를 바탕으로 계약선택, 계약체결과 방식, 계약내용의 자유가 포함됩니다.

하지만 지적장애나 정신장애가 있거나 치매에 걸린 사람 등은 판단능력 저하로 합리적인 계약을 체결하기가 어렵습니다. 이들에게 가족이나 보호자가 있다면 그들이 대신 서비스 관련 계약을 체결할 수 있겠지만, 계약 당사자가 성인이라면 모든 권리와 권한이 본인에게 있기 때문에 부모나 자녀라 해도 법적 권리를 행사하거나 본인의 동의 없이 계약을 체결하는 것은 원칙적으로 허용되지 않습니다.

가족이 서비스계약을 체결했다 해도 그 계약이 반드시 본인을 위한 계약이라고 볼 수는 없기 때문에 본인과 관련된 계약이 과연 적절하고 바람직하며 당사자의 권리를 충분히 보장하고 있는지에 대해서는 의문의 여지가 있습니다.

이러한 문제를 해소하고 이들에게 남아 있는 잔존능력을 최대한 존중하여 본인의 권리를 충분히 보장하기 위해 도입된 제도가 바로 성년후견제도입니다.[2]

2. 성년후견제도(제한능력자제도) 시행의 의의

2013년 7월 1일 민법 개정으로 성년후견제도가 시행되었습니다. 종례의 행위무능력자제도는 '금치산', '한정치산' 등 용어가 부정적인데다 본인의 의사 또는 장애 정도와 상관없이 행위능력을 획일적으로 제한하여 이들의 권리를 침해하고 사회적 편견을 조장하는 측면이 있었습니다. 보호내용도 재산과 관련된 법률행위로만 한정하고 있어서 복리에 관한 다양하고 실질적인 도움이 되지 않는다는 비판을 받아왔습니다.

이러한 문제를 해결하고 그의 의사와 능력을 최대한 고려하여 보호가 필요한 성년자의 존엄을 유지하기 위해 성년후견제도가 도입되었습니다.

이 제도를 통해 노령, 질병, 장애 및 기타 사유에 의한 정신적 제약으로 사무를 처리할 능력이 지속적으로 부족하거나 결여된 성년자인 피후견인에게 적합한 제도를 통해 신상보호, 재산관리 등을 받을 수 있게 되었습니다.

[표 6] 금치산 · 한정치산 제도와의 비교[3]

내 용		금치산(한정치산)제도	성년후견제도
제도	본질	가족제도	복지제도
	용어	금치산 · 한정치산 등 부정적 용어	부정적 용어 폐지
	보호범위	재산관리	재산관리 + 신상보호
	방식	능력박탈(제한) 본인의사 존중 관련규정 없음	능력지원 본인의사 존중 원칙의 명시
피후견인	사유	심신상실(미약)	질병 · 장애 · 노령 등으로 인한 정신적 제약
	종류	금치산/한정치산	성년/한정/특정/임의(계약)
후견인	자격	친족	친족 또는 제3자(법인 포함)
	선임방식	법정되어 있음	가정법원이 전문성, 공정성 등을 고려하여 선임
	후견인 자격	자연인 1인만 가능	복수 또는 법인후견인도 가능
	감독기관	친족회	법원(후견감독인)
법원	역할	능력박탈(제한)의 선언	후견인 선임과 감독
	성격	사법적(司法的)	행정적(行政的)

3. 성년후견제도의 기본원칙과 후견의 종류

가. 기본원칙

1) 자기결정권의 존중

자기결정권이란 누구의 간섭 없이 스스로 결정할 수 있는 자의적 권리를 의미합니다. 우리나라 헌법 제10조는 「모든 국민은 인간으로서의 존엄과 가치를 가지며 행복을 추구할 권리를 가진다」라고 규정함으로써 개인의 인격권과 자기결정권을 최우선시 하고 있습니다.

2) 잔존능력의 존중과 활용

피후견인의 판단능력이 불충분해도 잔존능력이 있는 경우에는 그 능력을 활용하도록 해야 하고 이를 최대한 존중해야 합니다. 이 원칙은 본인이 필요한 범위 내에서 후견의 범위를 정하고, 자신의 의사능력 정도에 따라 구체적인 후견범위를 사후에 변경할 수 있도록 하는 데 의의가 있습니다.

3) 필요성 · 보충성의 원칙

필요성의 원칙이란 피후견인의 필요 이상으로 후견인이 간섭해서는 안되고 피후견인의 가족 등 주변인의 요구에 후견이 이용되면 안 된다는 원칙입니다.

보충성의 원칙은 본인이 주도할 수 있는 후견계약이나 위임 등이 우선

적으로 활용되어야 하고 보호가 미흡한 상황일 때 비로소 법정후견이 이뤄
져야 한다는 원칙입니다.

4) 정상화의 원칙

정상화란 장애인 등 사회적 약자를 사회에서 격리하는 것이 아니라 사
회의 일원으로 생활할 수 있도록 하자는 이념입니다. 이 개념은 덴마크의
정신장애인협회장인 뱅크 미켈슨B.Mikkelson이 최초로 사용했으며, 성년후
견제도를 통해 고령자에게까지 응용되고 있습니다.

나. 후견의 종류

성년후견제도의 후견은 크게 법정후견과 임의후견(후견계약)으로 나눌 수
있습니다. 법정후견에는 성년후견, 한정후견, 특정후견이 있습니다.

[표 7] 후견의 종류

내용	법정후견			임의후견
	성년후견	한정후견	특정후견	
개시사유	정신적 제약으로 인한 사무처리능력의 지속적 결여	정신적 제약으로 인한 사무처리능력의 부족	정신적 제약으로 일시적 후원 또는 특정사무 후원의 필요	정신적 제약으로 인한 사무처리능력의 부족
후견개시 시점	성년후견개시심판 확정 시	한정후견개시심판 확정 시	특정후견개시심판 확정 시	임의후견감독인 선임 심판 확정 시
본인의 행위능력	원칙적으로 없음. 단 가정법원은 취소할 수 없는 피성년후견인의 법률행위 범위를 정할 수 있고(민법 제10조 제2항), 일상품의 구입 등 일상생활에 필요하고 그 대가가 과도하지 아니한 법률행위는 취소 못함(동조 제4항)	원칙적으로 있음. 단 가정법원이 한정후견인의 동의를 받아야 하는 행위의 범위를 정함으로써 제한 됨(민법 제13조), 이 경우도 일상품 구입 등의 경우에는 취소 제한	행위능력자	행위능력자
후견인과 그 권한	성년후견인은 필수적, 가정법원이 직권으로 선임 성년후견인은 당연 대리권(민법 제938조 제1항), 단 가정법원은 위 법정대리권의 범위 및 피성년후견인의 신상에 관해 결정권한의 범위를 정할 수 있음(동조 제2, 3항)	한정후견인은 필수적, 가정법원이 직권으로 선임 가정법원이 후견인의 동의를 받도록 규정한 행위에 대해 취소 가능 가정법원은 한정후견인에게 대리권을 수여하는 심판을 할 수 있고(민법 제959조의4), 그 범위에서 대리권 존재	특정후견인의 선임은 임의적, 가정법원이 기간 및 범위를 정한 대리권 수여심판에 의해 대리권을 가짐(민법 제959의11)	각 계약에서 정함

Ⅱ. 성년후견(법정후견)

1. 성년후견의 대상(피성년후견인)

성년후견은 질병, 장애, 노령, 기타 사유로 인한 정신적 제약으로 사무를 처리할 능력이 지속적으로 결여된 사람을 대상으로 합니다.

'정신적 제약이란' 뇌사상태이거나 자기 자신, 가족의 이름, 주소 등을 인지하지 못하는 등 혼자서는 일반적인 사회활동이나 경제활동을 전혀 할 수 없는 경우를 말합니다. 또한 일시적으로 의사능력이 회복되었더라도 전반적으로 의사 무능력 상태가 '지속되는 상태' 입니다.

2. 성년후견의 신청

성년후견을 신청할 수 있는 자와 구체적인 내용은 다음과 같습니다.

① 본인
② 배우자
③ 4촌 이내의 친족
④ 미성년후견인 및 미성년후견감독인
⑤ 한정후견인 및 한정후견감독인

⑥ 특정후견인 및 특정후견감독인

⑦ 검사 또는 지방자치단체의 장

본인이 신청하는 경우 최소한의 의사능력이 있어야 합니다. 한정후견이나 특정후견을 받고 있는 사람도 본인이 직접 청구할 수 있습니다.

배우자는 법률상 배우자를 의미합니다. 하지만 피성년후견인 본인을 보호한다는 측면에서 사실혼 배우자도 포함된다고 봐야 합니다.

미성년후견인, 한정후견인, 특정후견인 및 그 감독인도 신청이 가능한데, 이는 사정에 따라 성년후견으로 전환해야 하는 경우가 있기 때문입니다.

검사나 지방자치단체의 장은 공익적 측면에서 청구권자가 될 수 있습니다. 특히 지방자치단체장은 무연고자의 성년후견에 있어 중요한 역할을 하기 때문에 청구권자로 지정하고 있습니다.

성년후견을 신청할 때는 피성년후견인의 주소지를 관할하는 가정법원에 신청해야 합니다.

Q⁰⁷ 미성년자도 본인이 직접 성년후견을 신청할 수 있나요?

A⁰⁷ 법정대리인이 해야 한다는 의견과 본인이 직접 신청할 수 있다는 의견으로 나뉘고 있습니다. 성년후견과 친권·미성년후견 권한이 병존하는 경우 권한이 중복되어 법적 문제가 생길 수 있습니다. 당사자에게 성년후견의 필요성을 충분히 소명하게 한 후 성년이 임박하거나 기존의 제도(친권 또는 미성년자 후견)로는 보호가 충분치 않다고 인정되는 예외적인 경우에만 성년후견을 신청하도록 하는 것이 타당합니다.

3. 본인의 의사존중을 위한 심문과 감정

　본인의 의사를 존중하기 위해 심문하는 것을 원칙으로 하고 있습니다. 피성년후견인 본인이 의견을 밝힐 수 없거나 출석을 거부하는 등 특별한 사정이 있는 경우는 예외로 합니다.

　진술을 들었더라도 본인의 복리를 위해 필요할 때는 본인 의사에 반하여 성년후견개시심판을 할 수 있고, 심문을 위해 필요한 경우 검증도 할 수 있도록 하고 있습니다.

Q⁰⁸ 심리에는 어떤 자료들이 필요한가요?

A⁰⁸
　① 주소 또는 거소

　② 심신 상태

　③ 본인에 대한 현재의 보호여부(상황)나 그 정도

　④ 성년후견에 대한 본인의 의향

　⑤ 본인의 법정 출두 가능 여부

　⑥ 본인의 가족 또는 이해관계인과 성년후견에 대한 이들의 생각

　⑦ 본인의 재산상태

　⑧ 성년후견 신청의 동기와 목적

　⑨ 감정인 후보자

　⑩ 후견인 후보자

정신감정은 원래 정신건강의학과 전문의에게 받는 것이 원칙이지만 사안에 따라 법관이 의사 자격을 갖춘 자 중 적합한 자를 감정인으로 지정하는 경우도 있습니다. 하지만 다음의 경우 정신감정을 생략할 수 있습니다.

■ 정신 감정을 생략하는 경우

① 외견상 정신적 장애가 있는 경우
② 성년후견신청과 관련하여 본인을 둘러싼 사람들 사이에 이해관계의 대립이 없는 경우
③ 다른 사건에서 제출된 본인에 대한 최근의 감정서 또는 공신력 있는 의료기관에서 작성한 진단서가 있는 경우
④ 장애인복지법상 장애등급심사규정에 의해 장애판정을 받은 경우

4. 성년후견개시심판

성년후견 신청을 하면 법원의 심판으로 성년후견이 시작됩니다. 또한 성년후견인도 직권으로 선임합니다. 성년후견인의 대리권 범위, 취소할 수 없는 법률행위 범위, 신상에 관한 권한의 범위 등도 결정할 수 있습니다.

5. 심판에 대한 불복

법원이 선임한 성년후견인이나 성년후견감독인에게 법원의 동의 없이 임의로 불복할 수는 없습니다. 성년후견이 시작되면 후견사무의 공백을 막기 위해 일단 효력이 발생합니다. 단 변경 또는 해임심판으로 이를 변경할 수 있습니다.

성년후견개시심판에 즉시항고한 경우, 선임된 성년후견인이나 성년후견감독인, 성년후견 범위에 관한 사항도 항고심의 판단 범위에 포함됩니다.

> **항고**
>
> 민사소송법상 판결 이외의 결정이나 명령에 대해 취소 또는 변경을 요구하는 상소방식으로 보통항고, 즉시항고, 재심항고, 특별항고로 구분된다.

6. 성년후견인의 직무

가. 성년후견인의 권한과 의무

성년후견인은 취소권과 대리권을 가지며 선관주의에 입각하여 후견사무를 처리해야 합니다. 또한 피성년후견인의 의사를 존중하고, 그의 복리에 부합하는 방법으로 사무를 처리해야 합니다. 성년후견인이 의사존중 의무와 복리배려 의무를 위반하는 경우, 성년후견인 변경사유가 될 수 있습니다.

성년후견인의 직무는 크게 재산관리와 신상보호로 나눌 수 있습니다. 단 유언이나 혼인 등 일신 전속적 행위는 예외입니다. 성년후견인의 권한과 의무는 다음과 같습니다.

① 재산관리

② 신상보호와 관련된 법률행위

③ 법률행위에 일반적으로 수반되는 사실행위

④ 관련된 소송행위 등

나. 재산조사 · 재산목록 작성

성년후견인으로 선임되면 즉시 피성년후견인의 재산을 조사하여 2개월 내에 목록을 작성해야 합니다.

이때 성년후견인과 피성년후견인 사이에 채권 · 채무 관계가 있으면 성년후견인은 재산목록 작성을 완료하기 전에 그 내용을 성년후견감독인에게 제시해야 합니다. 성년후견인 단독으로 재산조사와 재산목록을 작성할 수는 있지만 성년후견감독인이 있을 경우에는 감독인 참여가 없으면 효력이 없습니다.

피성년후견인의 재산이 너무 많거나 복잡하고 여러 곳에 산재해 있는 등 기타 사정으로 2개월 내에 재산목록을 작성하기 어려울 때는 가정법원의 허가를 받아 기간을 연장할 수 있습니다. 재산조사 수행에 필요한 경비는 피후견인의 재산에서 지출합니다.

다. 성년후견인의 권한과 직무

1) 대리권

성년후견인은 피성년후견인의 재산을 관리하고, 해당 재산에 관한 법률행위에 있어서 피성년후견인을 대리합니다. 즉 포괄적인 법정대리권을 갖게 됩니다. 하지만 피성년후견인이 육체노동을 제공한다는 내용의 계약 등 일정한 행위를 해야 하는 채무인 경우에는 피성년후견인의 동의를 얻어야 합니다.

성년후견인의 대리권 중 신상과 관련된 사항에는 일정한 제약(제947조의2)이 있습니다. 재산 관리에도 피성년후견인의 신상 관련 사항이 포함될 수 있으므로 성년후견인은 항상 신상보호를 염두에 두고 사무를 수행해야 합니다.

가정법원이 법정대리권의 범위를 정할 때는 신청인 등의 요구에 구속받지 않는 것이 원칙입니다. 단 피성년후견인의 정신능력 등에 변화가 생긴 경우 본인, 배우자, 4촌 이내의 친족, 성년후견인, 성년후견감독인, 검사 또는 지방자치단체장의 신청으로 그 범위를 변경할 수 있습니다.

성년후견인에게 대리권이 있지만 성년후견감독인이 있을 때는 그의 동의를 받아야 합니다. 성년후견감독인의 동의 없이 법률행위를 했을 경우 무효는 아니지만 취소 사유가 될 수 있습니다. 또한 성년후견인이 피성년후견인에 대한 제3자의 권리를 양수하는 경우에는 피성년후견인 본인이 이를 취소할 수 있습니다.[4]

제3자가 피성년후견인에게 무상으로 재산을 주면서 성년후견인이 관리하는 것을 반대하는 경우 성년후견인은 별도의 재산관리인을 선임해야 합니다.

2) 무권대리

성년후견인이 권한에서 벗어나는 행위를 하면 무권대리가 됩니다. 성년후견인의 권한에 해당하는 행동이라 해도 그 행위가 후견인 자신이나 제3자의 이익을 위한 대리권 남용인 경우, 그것이 피성년후견인에게 법률행위 효력이 미치는지 여부와 관계없이 민·형사상 책임을 져야 합니다.

예를 들어 성년후견인이 어떤 사람에게 재산을 증여한 경우 후견인 자신에게는 이익이 없지만 다른 사람의 이익을 위한 것으로써 피성년후견인에게 손해를 끼쳤을 때는 자신의 임무를 위반한 것으로 민·형사상 책임이 발생합니다. 단 피성년후견인의 손자에게 준 세뱃돈이나 생일선물, 자녀의 결혼 시 신혼집을 사주는 등 증여의 취지나 금액에 따라 결론이 달라질 수는 있습니다.

성년후견인이 계약 내용에 위배되거나 피성년후견인의 이해에 반하는 행위를 한 경우 역시 무권대리가 됩니다. 이때 성년후견인은 가정법원에 피성년후견인에 대한 특별대리인 선임을 청구해야 합니다. 단 성년후견감독인이 있는 경우는 예외입니다.

3) 성년후견인의 취소권

피성년후견인의 법률행위는 취소가 가능합니다. 성년후견인은 물론 피성년후견인 본인도 취소할 수 있습니다.

단 생활용품 구입 등 일상생활에 필요하고 비용이 과하지 않은 법률행위에 대해서는 성년후견인이 취소할 수 없습니다.

취소권을 행사할 때는 피성년후견인의 직업, 자산, 해당 행위의 목적과 규모 등 제반 사항을 종합하여 판단해야 합니다. 이에 관해 가정법원은 피성년후견인의 법률행위 중 취소할 수 없는 범위를 정할 수 있습니다.

Q⁰⁹ 취소할 수 없는 법률행위에 대해서도 성년후견인이 대리권을 행사할 수 있나요?

A⁰⁹ 생활용품 구입 등 일상생활에 필요하고 비용이 과도하지 않은 법률행위라 해도 피성년후견인의 이익과 관계되어 있기 때문에 성년후견인에게 대리권이 있는 것으로 보아야 합니다.
한편 가정법원이 취소할 수 없는 법률행위 범위를 정한 경우에는 성년후견인의 대리권 범위를 명확히 정해주어야 합니다.

4) 신상보호에 대한 권리와 의무

피성년후견인은 그의 상태가 허락하는 범위 내에서 스스로 자신의 신변에 대해 결정할 수 있습니다. 예를 들어 성년후견인이 시설 입소 계약을 체결했다 해도 피성년후견인이 스스로 결정할 수 있는 상태에서 이를 거부하는 경우 강제할 수 없습니다. 단 피성년후견인 스스로 이러한 결정을 할 수 없는 상태인 경우에는 성년후견인이 법원으로부터 그에 대한 권한을 받아서 결정할 수 있습니다.

이를 신상보호라고 하는데 피성년후견인의 프라이버시와 자기결정권이 중요시되는 신체적 · 정신적 복리에 관한 후견을 의미합니다.

[표 8] 신상보호의 내용과 예

신상보호의 내용	신상보호의 예
① 의료행위의 동의 ② 주소나 거소의 결정 ③ 정보나 통신의 비밀 또는 자유에 대한 제한 (통신차단, 서신의 개봉 또는 보류) ④ 사생활(주거 내 폐쇄회로 카메라 설치) ⑤ 면접교섭(특정인과의 면접 제한) ⑥ 사회복지서비스의 선택 또는 결정 등	① 요양·생활유지에 관한 사항 ② 주거에 관한 사항 ③ 시설의 입·퇴소, 처우(서비스)에 대한 감시와 이의신청 등에 관한 사항 ④ 의료에 관한 사항 ⑤ 교육·재활 관련 사항에 대한 법률행위 등 ⑥ 시설입소계약을 체결한 경우 그 서비스가 제대로 제공되고 있는지 확인하는 등의 법률행위에 통상 수반되는 사실행위도 포함됨

성년후견인의 신상보호 사무에는 의료계약, 입원계약 등의 체결 권한이 포함됩니다. 하지만 계약체결 이전 단계에서의 치료나 수술 동의 등의 결정권은 법률행위가 아니기 때문에 특별한 규정이 없는 한 성년후견인의 대리권에 포함되지 않습니다. 하지만 피성년후견인이 스스로 결정을 내릴 수 없을 때는 성년후견인이 신체를 침해하는 의료행위에 대해 대신 동의할 수 있습니다.

따라서 성년후견인은 가정법원에 의료행위 등에 관한 동의권을 부여해 줄 것을 청구하고 이에 가정법원의 처분을 받아야 합니다. 하지만 피성년후견인이 사망하거나 장애가 생길 위험이 있을 때 또는 허가절차 중 의료행위가 지체되어 생명을 잃거나 심신상 중대한 장애가 생길 위험이 있을 경우에는 사후 허가 청구도 가능합니다.

Q¹⁰ 피성년후견인이 입소하고 있는 시설의 장도 성년후견인이 될 수 있나요?

A¹⁰ 이럴 때는 무권대리에서와 동일한 원칙이 적용됩니다. 자신이 운영하고 있는 시설에 피성년후견인을 입소시키거나 시설에 입소 중인 피성년후견인에 대해 시설장 등이 성년후견인이 되는 것은 자기 이익을 위해 또는 자기계약을 한 경우로 간주되기 때문에 허용되지 않습니다.

5) 신상보호에 대한 법원의 역할

가정법원은 성년후견인이 피성년후견인의 신상에 관해 결정할 수 있는 권한의 범위를 정할 수 있습니다. 또한 성년후견인 등 일정한 자의 청구에 의해 신상보호 범위를 변경할 수도 있습니다.

하지만 가정법원이 신상에 관한 결정권한을 성년후견인에게 부여했더라도 피성년후견인에게 결정능력이 있다면 당연히 본인의 결정이 존중되어야 합니다.

라. 상대방의 보호

피성년후견인을 보호하기 위한 권한도 있지만 반대로 그와 거래한 상대방을 보호하기 위한 권한도 존재합니다. 여기에는 최고권, 철회권, 거절권 등이 있습니다.

① 피성년후견인이 속임수를 사용하여 자신을 능력자로 믿게 한 경우나 성년후견인의 동의가 있는 것으로 믿게 한 경우에는 이를 취소할 수 있습니다(최고권).

② 피성년후견인과 맺은 계약은 성년후견인의 추인(동의)이 있기 전까지는 상대방이 그 계약을 철회할 수 있습니다(철회권).

③ 피성년후견인이 단독행위를 한 경우에도 성년후견인이 추인하기 전이라면 상대방이 이를 취소할 수 있도록 하고 있습니다.[5]

Ⅲ. 한정후견

1. 한정후견 대상 및 신청

한정후견은 정신적 제약이 심한 사람뿐만 아니라 그보다 경미한 사람도 이용할 수 있습니다. 즉 질병, 장애, 노령, 그 밖의 사유로 인한 제약으로 사무를 처리할 능력이 부족한 사람이 한정후견심판의 대상이 됩니다(탄력적 보호).

한정후견을 신청할 수 있는 사람은 다음과 같습니다.

① 본인이나 배우자
② 4촌 이내의 친족
③ 미성년후견 및 미성년후견감독인
④ 성년후견인 및 성년후견감독인
⑤ 특정후견인 및 특정후견감독인

⑥ 검사 및 지방자치단체의 장

만일 후견계약(임의후견)이 이미 등기되어 있는 경우에는 위의 신청인 외에 임의후견인 또는 임의후견감독인도 한정후견개시심판 신청을 할 수 있습니다.

2. 한정후견개시심판과 후견인의 직무

개시심판은 피한정후견인 후보자의 주소지를 관할하고 있는 가정법원이 실시합니다. 본인의 의사 존중 및, 당사자 진술 청취, 정신감정, 심판의 고지 · 즉시항고 등에 관한 사항은 성년후견과 동일합니다.

가. 한정후견인의 동의권

피한정후견인의 행위능력은 한정후견인의 동의를 받도록 별도로 정한 행위에 대해서만 제한됩니다. 동의를 받도록 정한 행위 중에서도 생활용품의 구입 등 일상생활에 필요하고 비용이 과하지 않은 법률행위에 대해서는 제한하지 않습니다.

나. 한정후견인의 권한

한정후견인은 피한정후견인의 재산관리나 신상보호에 대한 구체적인 권한 내에서만 사무를 행사할 수 있습니다.

한정후견인은 성년후견인과 달리 동의권 행사가 주요 직무이며, 법정대리인으로서 권한을 보유·행사하려면 별도로 가정법원의 심판을 받아야 합니다. 하지만 이 대리권이 모든 권한을 포괄하는 것은 아닙니다.

가정법원으로부터 부여받은 대리권 행사나 제한에 대해서는 성년후견 관련 규정을 따르고 있습니다. 피한정후견인의 신상에 대한 권한은 성년 후견의 경우와 동일합니다.

다. 한정후견인의 직무

한정후견인도 성년후견인과 마찬가지로 복리배려의무나 의사존중의무가 있지만 선임된 이후 재산을 조사하여 목록을 작성하거나 채권·채무를 제시해야 할 의무는 없습니다.

한정후견인을 통한 재산관리에 대해서는 가정법원이 한정후견인의 동의를 필요로 하는 행위의 범위를 미리 정하고 있으며 대리권 수여를 제한할 수 있습니다(제949조 규정 준용).

이론적으로는 신상보호만을 위한 한정후견인을 선임하는 것도 가능하며 그 이외의 사항은 성년후견과 동일합니다.

Ⅳ. 특정후견(법정후견)

1. 특정후견 대상 및 신청

특정후견은 일상적인 사회생활에는 지장이 없지만 지적 능력이 약간 부족해서 일시적 후원이나 특정사무에 대해 후원이 필요한 경우에 이용할 수 있습니다.

특정후견은 피특정후견인의 의사에 반하는 일은 할 수 없기 때문에 피특정후견인의 행위능력이 제한되지 않는다는 점, 기간 또는 범위를 정해야 한다는 점에서 성년후견이나 한정후견과 다릅니다.

특정후견은 피특정후견인 본인, 배우자, 4촌 이내의 친족, 미성년후견인, 미성년후견감독인, 검사 또는 지방자치단체의 장이 신청할 수 있고 후견계약이 등기되어 있는 경우에는 위 신청인 외에 임의후견인이나 임의후견감독인도 신청이 가능합니다.

현재 성년후견인, 성년후견감독인, 한정후견인 및 한정후견감독인은 특정후견 신청이 불가능합니다. 이는 성년후견 또는 한정후견을 받아야 하는 정신적 장애가 있는 사람인데도 성년후견이나 한정후견을 피하기 위한 방편으로 특정후견이 악용될 수 있기 때문입니다. 또한 다른 후견과는 달리 본인의 보호나 가정법원의 감독에 문제가 생길 여지도 많기 때문입니다.

하지만 후견제도가 피후견인을 보호하는 것 뿐 아니라 본인의 자기결정권 존중, 보충성, 정상화 이념 등을 기본 바탕으로 하고 있다는 점에서 이를 굳이 제한할 필요는 없다고 생각합니다.

2. 특정후견개시심판과 특정후견인의 직무

가. 특정후견개시심판

특정후견개시심판은 피특정후견인 후보자의 주소지를 관할하고 있는 가정법원에서 실시합니다. 성년후견·한정후견과 동일하게 본인의 의사 확인, 진술, 심문 등의 절차가 필요하며 본인의 의사에 반하는 활동은 할 수 없습니다.

만일 후견계약이 등기되어 있다면 임의후견인 진술을 들어야 하고, 특정후견인 선임심판일 경우 특정후견인 후보자의 진술도 들어야 합니다.

의사나 그 밖에 전문지식이 있는 사람의 의견을 들을 수는 있지만 필수요건은 아니며 특히 특정후견 심판 시에는 특정후견 기간과 사무의 범위를 정해야 합니다.

심판의 고지와 즉시항고 등에 대해서는 성년후견과 동일합니다.

나. 특정후견인의 직무

특정후견에서는 의무적으로 특정후견인을 지정해야 하는 것은 아닙니다. 하지만 가정법원은 특정후견에 따른 조치로 피특정후견인의 후원 또는 대리를 위한 특정후견인을 선임하거나 필요한 처분을 명할 수 있습니다.

특정후견인이 선임되더라도 피특정후견인은 행위능력에 아무런 제약을 받지 않습니다. 피특정후견인은 제한능력자가 아니기 때문에 스스로 자신의 재산을 관리하거나 신상에 대해 결정할 수 있습니다.

성년후견인은 당연히 피성년후견인의 법정대리인이 되지만 특정후견인이 자동적으로 피특정후견인의 법정대리인이 되는 것은 아닙니다. 또한 한정후견인은 동의권을 부여받지만 특정후견인은 조언이나 지원 등을 통해 후원하는 성격이 강합니다.

한편 피특정후견인의 재산관리나 법정대리에 대해서는 가정법원 직권으로 그 여부를 정할 수 있습니다. 또한 특정후견인에게 대리권을 부여한다 하더라도 권한의 기간·범위 등에 제한이 있기 때문에 성년후견인의 포괄적 대리권과는 큰 차이가 있습니다.

V. 후견인

1. 후견인의 선임

법정 순위에 따른 기존의 후견인 제도를 폐지하고 후견인을 선임하는 경우 가정법원이 직권으로 선임할 수 있습니다. 하지만 피후견인의 자율권과 자기결정권 보장을 위해 피후견인의 의사를 가장 **중요한** 기준으로 삼게 됩니다. 또한 다음의 상황을 종합적으로 고려하여 판단하고 있습니다.

   ① 피후견인의 건강
   ② 생활관계
   ③ 재산상황

④ 후견인 후보자의 직업과 경험

⑤ 피후견인과의 이해관계 유무 등[6]

   예를 들어 피후견인의 재산에 대해 가족 간에 분쟁이 발생하거나 발생할 위험이 높은 경우, 가족 중에서 후견인을 선임하게 되면 피후견인의 이익을 해칠 우려가 있기 때문에 피후견인의 권리보호와 재산보존을 위해 이해관계가 없는 제3자를 후견인으로 선임하는 것이 바람직합니다.

   후견인 가족은 후견감독인이 될 수 없다고 규정하고 있으며, 이미 후견감독인이 있는 상태에서 후견인을 변경 및 추가할 때는 반드시 후견감독인과의 관계를 고려해야 합니다.

2. 후견인의 결격사유

   후견인을 선임할 때는 결격사유가 없는지 확인해야 합니다. 따라서 결격사유가 없다는 확인서, 범죄경력 확인서 등을 제출해야 합니다. 다음에 해당하는 자는 후견인이 될 수 없습니다.

■ 후견인이 될 수 없는 경우

① 미성년자 : 혼인한 경우는 후견인이 될 수 있습니다.

② 피성년후견인, 피한정후견인, 피특정후견인 : 후견을 받고 있는 사람이 다른 사람의 후견인이 될 수는 없습니다.

③ 파산선고 등을 받은 자 : 법인대표가 개인회생절차 개시결정이나 파산선고를 받는 경우 대표자 개인뿐 아니라 법인도 후견인이 될 수 없도록 하는 것이 타당합니다.

④ 전과 : 자연인을 전제로 하는 개념이지만, 법인대표가 전과자일 경우 법인 자체도 후견인이 될 수 없는지에 대해서는 논란이 있습니다. 하지만 이 경우에도 후견인이 될 수 없도록 하는 것이 바람직합니다.

⑤ 해임된 법정대리인 등 : 법원에서 해임된 법정대리인 및 성년후견인, 한정후견인, 특정후견인, 임의후견인과 그 감독인 등을 의미합니다. 예를 들어 친권을 상실선고를 받은 부 또는 모(제924조), 대리권·재산관리권 상실 선고를 받은 친권자(제925조), 해임된 유언집행자(제1106조) 등입니다.

   ※ A씨의 부로서 친권상실을 선고받은 사람은 B라는 사람의 후견인도 될 수 없습니다.

⑥ 행방이 불분명한 사람

⑦ 피후견인을 상대로 소송했거나 소송 중인 자 또는 그 배우자나 직계혈족 : 자연인 뿐 아니라 법인에도 적용됩니다. 이 경우 소송자의 배우자 또는 직계혈족인지 여부는 법인대표자를 기준으로 합니다.

   ※ 피후견인을 상대로 소송을 제기한 것과, 피후견인이 소를 제기한 것 모두 해당됩니다. 하지만 피후견인의 배우자 또는 직계혈족과의 소송은 별개의 문제로 결격사유에 해당한다고 볼 수는 없습니다.

Q" 누구나 후견인이 될 수 있나요?

A" 후견인은 가정법원이 선임하는 데 후견인 또는 후견감독인의 결격사유 외에 특별한 자격이 정해져 있지는 않습니다. 하지만 다음의 경우 선임에 제한이 있을 수 있습니다.

① 질병이나 고령 등의 이유로 후견사무에 지장이 있다고 판단될 경우
② 요양시설 입소자에 대해 해당 시설의 시설장이 후견인이 되려는 경우
③ 가족 중 반대하는 사람이 있는 경우

하지만 피후견인 본인이 미리 후견인 후보자로 생각하고 있던 사람이 반드시 후견인으로 선임되는 것은 아닙니다.

3. 후견인의 수

법에서는 미성년후견인의 수를 한 명으로 규정하고 있는 반면 그 밖의 후견인에 대해서는 여러 명을 선임할 수 있으며 법인도 성년후견인이 될 수 있도록 규정하고 있습니다. 이미 후견인이 선임되어 있는 경우에도 추가로 후견인을 선임할 수 있습니다.

후견인을 여러 명 두는 경우는 다음과 같습니다.

① 재산관리에 법률전문가, 신상보호에 복지전문가를 후견인으로 하는 경우

② 가족과 가족 이외의 전문가가 함께 후견인이 되는 경우

③ 지적장애가 있는 미성년자가 성년이 되어 부모가 함께 공동후견인이 되는 경우

④ 부모와 함께 다른 사람이 공동후견인이 되어 부모의 사망 시 공백이 생기지 않도록 하는 경우 등

여러 명의 후견인이 어떻게 권한을 행사할 것인지에 대해 특별한 규정은 없습니다. 민법 제119조에 따라 각자 대리하는 것이 원칙입니다.

이럴 경우 후견인들 각자 사무가 명확하게 구분되어 있지 않다면 의견 대립으로 후견사무 처리에 지장을 주거나 긴급한 업무수행에 차질을 빚을 수 있습니다.

따라서 가정법원은 직권으로 후견인이 공동으로 혹은 사무를 분담하여 그 권한을 행사하도록 정하거나 그 결정을 변경, 취소할 수 있도록 규정하고 있습니다.

여러 명의 후견인이 공동으로 권한을 행사하도록 할 경우 피후견인의 이익이 침해될 우려가 있는데도 어느 후견인이 권한행사에 협력하지 않을 때는 가정법원이 피후견인, 후견인, 후견감독인 또는 이해관계인의 신청에 따라 그 후견인의 의사표시를 대신하는 재판을 할 수 있습니다.

법인후견은 개인후견과 달리 후견인의 사망과 같은 변동사유 없이 지속적으로 후견업무가 가능하고 법인 자체에서 후견활동을 하는 직원을 감독할 수 있으며 후견업무의 정형화·전문화가 가능하다는 장점이 있습니다. 하지만 미성년후견인은 될 수 없습니다.

한편 영리법인인 경우에는 사단법인·사회복지법인·종교법인 등과 같은 공익법인(비영리법인)과 달리 후견사무에 따른 경제성이나 수익성이 없을 경우 업무 수행의지가 약하고, 언제든지 무책임하게 후견업무를 종료할

가능성도 높습니다. 파산 가능성도 있기 때문에 이에 대해서도 충분히 고려해야 합니다.

법인의 후견사무는 실제로 법인에 소속된 사람이 하는 것이기 때문에 가급적 담당자가 바뀌지 않도록 하는 것이 제도의 취지나 목적을 살리는 데 유익합니다.

4. 후견인의 변경

후견인의 변경은 성년후견인의 재선임,[7] 추가선임,[8] 성년후견인의 사임,[9] 성년후견인의 변경[10] 등으로 구분하여 규정하고 있고, 이를 한정후견이나 특정후견 등에 준용토록 하고 있습니다.

후견인에게 결격사유가 있다고 해서 자동으로 다른 후견인을 재선임하는 것은 아닙니다. 결격사유가 있는 후견인에 대해 아무런 조치나 결정 없이 새로운 후견인을 선임하게 되면 후견인 중복 등의 문제가 생기게 되므로 기존의 후견인을 새로운 후견인으로 변경하는 절차를 거쳐서 재선임하게 됩니다. 이때 후견인 재선임 청구는 후견감독인의 의무입니다.

정당한 사유가 있는 경우에는 가정법원의 허가를 받아 후견인을 사임할 수 있습니다. 정당한 사유란 ① 노령 ② 질병 ③ 피후견인과의 관계 악화 ④ 장기간의 후견기간 경과로 인한 업무부담 과중 등입니다.

또한 가정법원이 피후견인의 복리를 위해 후견인을 변경해야 한다고 인정할 경우에는 직권으로 또는 친족, 피후견인, 후견감독인, 검사 및 지방자치단체 장의 신청으로 후견인을 변경할 수 있습니다.

후견인의 변경사유로는 후견인으로서의 임무 수행에 적당하지 않은 경우 외에도 제3자가 후견인으로 더 적합한 경우 등이 있습니다.

① 후견인의 현저한 비행으로 피후견인에게 악영향을 끼칠 우려가 있는 경우
② 피후견인의 재산상태를 악화시키거나 그 이익을 침해하는 행위 등 부정행위가 있는 경우
③ 후견인이 피후견인의 복리에 부합하는 방법으로 사무를 처리하지 않는 경우
④ 후견인의 연령이나 지리적 · 경제적인 여건을 고려할 때 다른 사람이 후견사무를 처리하는 것이 보다 바람직할 경우
⑤ 개인 또는 1인 후견보다는 법인 등에 담당자를 두고 후견사무를 처리하는 것이 바람직한 경우

가정법원은 직권 또는 신청에 의해 피후견인의 재산상황을 조사하거나 후견인에게 재산관리 등 후견임무 수행에 관한 처분을 명할 수 있습니다. 조사 결과 피후견인의 재산상황에 심각한 변화가 있거나 후견인이 불성실하게 응하거나 보고하는 경우 이를 근거로 직권으로 후견인을 변경할 수도 있습니다.

단 가정법원이 후견인을 변경할 경우에는 피후견인과 현재 후견인 및 후견인 후보자의 진술을 들어야 합니다.

5. 후견사무의 감독

가. 후견감독인의 선임과 권한

가정법원은 필요하다고 인정될 때 직권 또는 피후견인, 친족, 후견인, 검사, 지방자치단체의 장의 신청으로 후견감독인을 선임할 수 있습니다. 후견감독인이 사망했거나 결격, 그 밖의 사유로 없어진 경우에도 마찬가지입니다.

후견인의 가족은 후견감독인이 될 수 없고 그 밖의 결격사유에 대해서는 후견인의 결격사유에 관한 규정을 준용합니다.

나. 후견감독인의 권한과 임무

후견감독인의 임무는 다음과 같습니다.

① 후견인의 재산조사 및 목록작성에 참여
② 후견사무 감독
③ 후견인이 없는 경우, 지체 없이 가정법원에 후견인 선임 청구
④ 피후견인의 신상이나 재산과 관련 급박한 사정이 있을 경우 보호를 위한 행위 및 처분

후견감독인은 언제든지 후견인에게 임무수행에 대해 보고 및 재산목록 제출을 요구할 수 있고 피후견인의 재산상황을 조사할 수 있습니다.

또한 후견인이 특정 업무에 대해 감독인의 동의 없이 진행한 경우 후견

행위를 취소할 수 있습니다. 단 피후견인의 이익이 침해될 우려가 있음에도 후견감독인이 동의를 하지 않은 경우, 후견인은 가정법원에 후견감독인의 동의에 상응하는 허가를 신청할 수 있습니다.

후견인과 피후견인 사이에 이해관계가 있을 때는 후견감독인이 피후견인을 대리할 수 있습니다. 하지만 후견인의 권한 범위를 벗어난 업무는 할 수는 없습니다.

후견인이 보수를 청구할 때 후견인의 사무 상황에 관한 보고를 받을 수 있습니다. 또한 여러 명의 후견인에 대해 그들이 공동으로 또는 사무를 분장하여 권한을 행사토록 하여 각 후견인들이 서로 사무를 감독하도록 할 수 있습니다.

피후견인의 손해를 방지하기 위해 후견인에게 담보제공·보험가입 등을 하도록 하거나 후견인의 임기를 제한하여 일정 기간이 경과하면 후견인을 변경하도록 하거나 후견인에게 재교육을 받도록 할 수도 있습니다.

후견감독인의 사임 또는 변경 등에 관한 내용은 후견인의 경우와 동일합니다.

다. 후견감독인 등에 관한 가정법원의 역할

가정법원이 후견인이나 후견감독인을 선임한 경우, 그에게 후견사무·후견감독사무에 관해 필요하다고 인정되는 사항을 지시할 수 있습니다.

즉 법원이 후견인이나 후견감독인으로서 행위를 허가하는 경우에는 피후견인의 신상보호·재산관리에 관해 필요하다고 인정되는 사항에 대하여 이를 지시하거나 이미 허가 및 지시한 사항을 취소·변경할 수 있습니다.

또한 전문성과 공정성을 갖추었다고 인정되는 사람에게 후견사무의 실태 또는 피후견인의 재산상황을 조사하게 하거나 임시로 재산관리를 하게 할 수도 있습니다.

위와 같은 임무를 부여받은 사람은 가정법원의 허가를 얻어 후견인이나 후견감독인에게 후견사무ㆍ후견감독사무에 관한 자료 제출을 요구하거나 제출한 자료에 대한 설명을 요구할 수 있습니다. 또한 조사결과 후견인을 변경하거나 가정법원이 피후견인의 재산상황 조사 또는 후견인에게 재산 관리 등 후견임무 수행에 관해 조치할 필요성이 있다고 인정될 때는 즉시 이를 가정법원에 보고해야 합니다.

6. 후견사무의 종료

가. 후견개시 원인이 소멸한 경우

정신상태가 호전된 경우 등 후견의 원인이 사라진 경우, 가정법원은 본인 등 청구권자가 신청하면 후견종료심판을 하게 됩니다. 이때도 후견개시심판과 마찬가지로 피후견인의 의견청취 또는 감정을 해야 합니다.

나. 피성년후견인에 대해 한정후견개시심판을 하는 경우

가정법원이 피한정후견인 또는 피특정후견인에 대해 성년후견개시심판을 할 경우 종전의 한정후견 또는 특정후견에 대해서는 종료 심판을 해야 합니다. 반대로 피성년후견인 또는 피특정후견인에 대해 한정후견개시 심판을 하는 경우에도 종전의 성년후견 또는 특정후견에 대한 종료 심판을 해야 합니다.

다. 피후견인에 대해 임의후견감독인을 선임하는 경우

피후견인이 임의후견감독인을 선임할 때는 종전의 후견에 대해 종료 심
판을 해야 합니다. 단, 후견인을 계속 두는 것이 피후견인의 이익을 보호
하는 데 특별히 필요하다고 인정되는 경우에는 예외로 합니다.

라. 피후견인이 사망한 경우

법에서는 피후견인의 사망을 후견종료 사유로 규정하고 있지는 않지만,
이 경우는 당연히 후견 종료사유가 됩니다.

후견인은 피후견인의 사망이나 그 외의 사유에 의해 후견이 종료되었음
을 안 때로부터 3개월 내에 종료 등기를 신청해야 하며, 피후견인의 친족,
기타 이해관계자도 종료 등기를 신청할 수 있습니다.

■ 특정후견이 종료되는 경우

특정후견은 성년후견이나 한정후견과 달리 그 원인이 소멸되었을 경우의 종료심판
에 관한 규정은 없습니다. 하지만 다음과 같은 경우 특정후견 종료사유가 됩니다.

① 피특정후견인에 대해 성년후견 또는 한정후견 개시심판을 하는 경우
② 피특정후견인에 대해 임의후견감독인을 선임한 경우
③ 피특정후견인이 사망한 경우

특정후견 종료심판을 하는 경우에도 반드시 피특정후견인의 진술을 청취해야 합니다.

Ⅵ. 임의후견(후견계약)

1. 후견계약의 의의

후견계약은 질병, 노령, 그 외의 사유로 인한 정신적 제약으로 사무처리 능력이 부족하거나 그렇게 될 때를 대비하여 자신의 재산관리·신상보호에 관한 사무의 전부 또는 일부를 다른 사람에게 위탁하고, 그 위탁사무에 대해 대리권을 수여한다는 내용의 계약을 말합니다.

이때는 계약 내용을 공정증서로 작성한 후 후견사유가 발생했을 때 법원이 후견감독인을 선임함으로써 후견이 시작됩니다.

후견계약제도는 후견 받을 사람의 자기결정권을 최대한 존중하면서 계약에 따른 임의후견인의 이행 사항을 공적으로 감독함으로써 그 실효성을 보장한다는 데 의의가 있습니다.

2. 이용 대상

임의후견은 질병, 장애, 노령, 그 밖의 사유로 인한 정신적 제약으로 사무를 처리할 능력이 부족한 상황이거나 부족하게 될 상황에 처한 사람이 이용할 수 있습니다. 따라서 본인이 후견계약의 내용을 충분히 이해하고 임의후견인이 될 자와 대등한 위치에서 계약을 체결할 정도의 의사능력만 있으면 누구든지 이용이 가능합니다.

3. 후견계약의 체결

피임의후견인이 후견계약을 체결했다 해도 본인의 행위능력에는 아무런 제약이 없으며, 후견계약 상대방도 임의후견감독인이 선임되기 전까지는 임의후견인으로서 온전한 지위와 권한을 행사할 수 없습니다.

후견계약은 성년후견·한정후견·특정후견 등 법정후견과는 달리 누구든 임의후견인이 될 수 있고, 임의후견인을 여러 명 선임하거나 법인율 임의후견인으로 선임하는 것도 가능합니다.

Q[12] 피임의후견인이 입소 중인 시설의 대표자도 후견인이 될 수 있나요?

A[12] 임의후견은 법정후견과 같은 제한은 없기 때문에 요양원의 시설장도 자신의 시설에서 생활하고 있는 입소자의 후견인이 될 수 있습니다.

한편 후견계약은 계약 내용을 신중하게 결정하고, 피임의후견인의 의사능력이 결여된 이후에 후견인과의 분쟁 가능성을 방지하기 위해 오직 공정증서(공증)에 의해서만 계약을 체결하도록 하고 있습니다.

하지만 공증인법에서는 무효이거나 무능력으로 취소할 수 있는 법률행위에 대해서는 공정증서 작성 자체를 금지하고 있습니다.

따라서 한정피후견인과 같이 의사능력은 있지만 행위능력에 제한이 있는 사람인 경우 단독으로 후견계약 체결이 가능한지, 한정후견인 등 법정대리인이 이를 대리하거나 법정대리인의 동의를 받아 계약을 체결해야 하는지에 대해서는 의견이 나뉘고 있습니다.

4. 후견계약의 변경과 철회

임의후견감독인이 선임되기 전에는 기존의 후견계약을 종료하거나 그 계약을 유지하면서 공증에 의한 새로운 후견계약을 체결하는 방식으로 그 내용 등을 변경할 수 있습니다. 하지만 임의후견감독인이 선임되면 기존의 후견계약을 종료하고 다시 공정증서를 작성하여 임의후견감독인을 선임해야 합니다. 임의후견감독인이 선임되기 전에는 피임의후견인 본인이나 임의후견인이 언제든 공증인의 인증을 받은 서면으로 후견계약을 철회할 수 있습니다.

하지만 임의후견감독인이 선임된 후에는 정당한 사유가 있을 경우에만 본인 또는 임의후견인의 신청을 통해 가정법원의 허가를 받아 후견계약을 종료할 수 있습니다.

5. 후견계약 등기

등기는 후견계약이 체결된 이후 계약 내용이 수정되거나 위조 또는 변조될 경우에 대비하기 위한 것입니다. 따라서 법원의 후견개시심판만으로 후견 효력이 발생하는 법정후견과는 달리 여기서는 공시를 해야만 유효한 후견계약이 됩니다.

6. 후견계약의 효력 발생

임의후견은 가정법원이 임의후견감독인을 선임한 때로부터 효력이 발생합니다. 따라서 가정법원이 어느 임의후견인이 업무수행에 부적절하다고 판단하는 경우에는 임의후견감독인 선임을 거부할 수도 있습니다.

가정법원이 임의후견감독인을 선임했다 하더라도 후견계약에 무효나 취소사유가 있는 경우에는 후견계약의 하자나 흠결을 바로잡을 수 없고 그 자체를 무효 또는 취소해야 합니다.[11]

7. 후견계약의 유형

후견계약에는 세 가지가 종류가 있습니다.

① 즉효형 후견계약 : 보호가 필요한 정신적 제약이 있는 상태라는 것을 전제로 임의후견계약 체결과 동시에 임의후견감독인의 선임을 요청하여 곧바로 임의후견에 의한 보호를 시작하는 유형

② 장래형 후견계약 : 향후 자신의 판단능력이 악화되었을 경우를 대비하는 것으로서 미리 후견계약을 체결하되 그 효력은 임의후견감독인을 선임한 때로부터 발생하도록 하는 유형

③ 이행형 후견계약 : 장래형 후견계약이면서도 본인의 권한 전부 또는 일부를 즉시 상대방에게 수여하는(즉효형처럼) 위임계약 유형

8. 임의후견인과 임의후견감독인

임의후견인은 위임계약에 관한 규정에 따라 선관주의 의무를 지며 특히 본인의 의사를 최대한 존중해야 합니다.

임의후견감독인은 본인, 배우자, 4촌 이내의 친족, 임의후견인, 검사 또는 지방자치단체 장의 신청으로 피임의후견인 후보자의 주소지를 관할하고 있는 가정법원에서 선임합니다.

임의후견인은 후견계약의 수임인으로서 가장 중요한 청구권자입니다. 즉 임의후견수임인은 위임계약상 선관주의 의무가 있기 때문에 필요한 경우 임의후견감독인의 선임을 청구해야 할 의무가 있습니다.

임의후견감독인은 임의후견인과 달리 그 자격에 대해 법정후견감독인에

관한 규정을 적용받으며 그 선임 등에 대해 제한을 받게 됩니다.

임의후견감독인의 직무는 대부분 후견감독인에 관한 규정을 준용합니다. 하지만 법정후견과 달리 후견계약을 할 때 반드시 임의후견감독인을 선임해야 한다는 점에서 차이가 있습니다.

9. 후견계약의 종료

후견계약은 다음과 같은 경우에 종료됩니다.

① 후견계약을 철회한 경우

② 가정법원의 허가로 후견계약이 종료된 경우

③ 본인이 성년후견 또는 한정후견개시 심판을 받은 경우

④ 본인 또는 임의후견인이 사망했거나 또는 파산한 경우

⑤ 임의후견인이 후견개시 심판을 받은 경우

⑥ 임의후견인이 해임되어 후견인이 없어진 경우

후견계약을 종료할 때 반드시 심판을 해야 하는 것은 아닙니다. 임의후견인은 피임의후견인의 사망이나 그 밖의 사유로 후견계약이 종료된 사실을 알았을 경우, 이를 안 날로부터 3개월 이내에 종료 등기를 신청해야 합니다. 본인, 배우자, 임의후견인 및 임의후견감독인도 종료등기를 신청할 수 있습니다.

단 임의후견감독인이 선임된 이후에 후견계약이 종료되는 것은 앞서 언

급한 바와 같습니다. 임의후견인의 대리권 소멸을 등기하지 않으면 선의의 제3자에게 대항할 수 없습니다.[12]

Ⅶ. 성년후견의 실제

1. 후견신청과 비용

후견을 신청하려면 다음 서류들을 구비하여 관할 가정법원이나 법원 내 담당부서에 제출해야 합니다.

① 각 유형별 후견개시심판청구서
② 신청인, 피후견인 및 후견인 후보자의 가족관계증명서 및 기본증명서
③ 피후견인 및 후견인 후보자의 후견등기사항전부증명서 또는 후견등기사항부존재증명서
④ 신청인, 후견인 후보자 및 피후견인 등의 관계를 확인할 수 있는 자료
⑤ 피후견인의 주민등록등본
⑥ 진단서
⑦ 사전현황설명서(특정후견 및 후견계약은 제외)
⑧ 기타 관련자료 내지 소명자료 등

이 신청서류에는 진단서가 포함되어 있으므로 의사의 감정을 받는 것이 원칙입니다. 하지만 피후견인이 될 사람의 정신 상태를 판단할만한 다른 자료가 충분한 경우에는 의사의 감정을 생략할 수 있습니다. 특정후견이나 후견계약은 의사나 그 밖의 전문지식이 있는 사람의 의견을 듣는 것으로도 가능합니다.

후견신청에 필요한 비용은 인지대, 송달료, 의사 감정비용 등입니다. 단 가정법원은 가사비송사건의 절차에 소요되는 비용을 지출할 능력이 없거나 그 비용의 지출로 생활에 현저한 지장이 있는 사람에게는 본인의 신청 및 법원의 직권으로 절차구조를 하고 있습니다. 단 신청인의 심판청구가 부당하다는 것이 명백한 경우에는 신청할 수 없습니다.

2. 후견인과 보수

법정후견인 경우에는 법원이 후견인을 선임하게 됩니다. 가족, 친척, 친구는 물론 사회복지사, 변호사, 법무사, 세무사 등의 전문가, 사단법인이나 사회복지법인 등 법인도 후견인이 될 수 있습니다.

후견인은 원칙적으로 보수를 받을 수 있는데 그 비용은 피후견인의 재산에서 지급하도록 규정하고 있습니다. 보수 가액에 대해서는 법원에서 정할 수도 있지만 후견계약의 경우 피후견인과 임의후견인의 계약으로도 정할 수 있습니다.

후견이 필요한데도 후견인에게 보수를 지급할 수 없는 형편인 사람은 공공후견이나 무료후견을 이용할 수 있습니다.

3. 후견등기

　후견은 이를 등기로 공시하도록 하고 있는데 이에 관한 서류를 등기사
항증명서라고 합니다. 이 증명서에는 후견의 개시와 종료, 후견인·피후
견인 또는 후견감독인에 관한 사항, 후견인의 대리권에 관한 사항 등이 포
함되어 있습니다.

　등기사항증명서는 관할 가정법원이나 일반 법원에서 피후견인, 배우자,
4촌 이내의 친족, 후견인, 후견감독인 및 이 직무에서 퇴임한 자, 그 밖에
법령에서 규정하고 있는 사람만 발급받을 수 있습니다.

　예를 들어 부동산매매나 요양시설 입소계약을 체결하는 경우 거래 상대
방은 후견인 등에게 대리권이 있음을 확인하기 위해 이것을 제시하라고 요
구할 수 있습니다.

　가정법원이나 법원은 각 후견 유형별로 등기사항증명서를 발급하고 피
후견인이 아닌 경우에는 등기사항부존재증명서를 발급하게 됩니다.

Q¹³　후견을 받으면 가족관계등록부에 기록이 남나요?

A¹³　이전의 무능력자 제도와는 달리 성년후견제도는 가족관계등록부에 기록
이 남지 않습니다. 단 후견등기에 피후견인 본인의 성명, 성별, 출생 연
월일, 주민등록번호 및 등록기준지 등이 기록됩니다.

4. 후견제도의 이용

1. 상담 · 이용안내 및 지원

우리나라는 아직 성년후견제도의 상담 · 이용 · 지원 등을 위한 공식적인 창구는 거의 마련되어 있지 않은 형편입니다. 성년후견제도에 관한 자세한 내용을 알고 싶으시면 각 지역별 센터로 문의하시면 됩니다.

각 지역의 성년후견지원센터

- **서울 · 인천 · 경기지역**

  경기도 YWCA 은학의 집 부설 성년후견지원센터 : 031-707-8790
  인천광역시공공후견지원센터 : 032-889-8298

- **충청지역**

  한국노인의 전화 충남아산지부 성년후견지원센터 : 041-532-4245

- **호남 · 제주지역**

  사단법인 복지마을 성년후견지원센터 : 063-909-1727
  광주광역시 한울노인복지센터 부설 성년후견지원센터 : 062-512-3599

- **경상 · 부산 · 울산지역**

  한국노인의 전화 경북지회 성년후견지원센터 : 054-834-0918
  한국노인의 전화 경북동부지회 성년후견지원센터 : 054-854-7179

- **강원지역**

  한국노인의 전화 원주지부 성년후견지원센터 : 033-900-9988

법률관련 전문 성년후견기관

- 사단법인 한국성년후견지원본부 : 02-517-1801

또한 보건복지부가 지정한 발달장애인을 위한 공공후견인 교육 및 지원기관의 지역별 현황은 다음과 같습니다.

■ 서울, 경기, 부산, 인천, 대전, 충북, 전북, 경남, 제주 :
한국장애인부모회&한국자폐인사랑협회 컨소시엄

한국장애인부모회 : 02-2678-3131 / www.kpat.or.kr
한국자폐인사랑협회 : 02-445-5444 / www.autismkorea.kr

■ 서울, 경기, 대구, 광주, 울산, 강원, 충남, 전남, 경북, 세종 :
한국지적장애인복지협회 & 장애우권익문제연구소 컨소시엄

한국지적장애인복지협회 : 02-592-5023 / www.kaidd.or.kr
장애우권인문제연구소 : 02-2675-5364 / www.cowalk.or.kr

2. 성년후견제도의 이용

성년후견은 주로 본인, 본인의 가족(배우자, 부모, 자녀, 형제자매 등 4촌 이내의 친족)이 신청하지만 무연고자나 의지할 사람이 없는 경우 관할 시·군·구청장 등 지방자치단체장이 할 수도 있습니다.

이런 사람들을 위한 성년후견신청은 사회복지시설 관계자나 이해관계가 있는 사람이 지방자치단체장에게 성년후견을 신청해줄 것을 요청해야 합니다.

법원에 성년후견제도 이용을 신청하는 것을 청구라고 하는데, 이는 본인이 살고 있는 곳의 관할 가정법원에 해야 합니다. 단 그 지역에 가정법원이 없는 경우에는 관할 법원에 할 수 있습니다.

이때 청구는 본인의 판단능력에 따라 후견 유형과 내용을 미리 정해두면 유익합니다.

5. 성년후견 사례

성년후견에서는 다음과 같은 사례를 생각해볼 수 있습니다.

1. 현황

A씨는 87세 여성으로 노인장기요양 3등급을 받았고, ADL은 지팡이를 짚고 걸을 수 있는 정도입니다. 치매는 중등도입니다. 두 아들이 있는데 다른 지역에서 살고 있는 장남 가족과는 현재 연락이 끊긴 상태입니다. 현재 미혼인 차남(58세. 무직)과 생활하고 있습니다. 처음에는 차남이 노인장기요양서비스를 거부했지만 담당 공무원의 설득으로 주·야간보호서비스를 받고 있습니다.

A씨는 월 150만원 정도의 연금으로 생활하고 있는데 현재 차남이 관리하고 있습니다. 하지만 의료비나 임대료, 각종 공과금 등이 체납되어 근처의 주·야간보호센터에서 성년후견을 요청하게 되었습니다.

2. 지원

① 주·야간보호센터의 사회복지사는 차남의 모습에 변화가 있음을 알고 다음 날 해당 지역 성년후견지원센터의 사회복지사·간호사와 함께 가정을 방문합니다. A씨는 혈압도 정상이고 이상 소견은 없지만 차남은 지병인 당뇨병이 악화되어 심각한 상황에 있는 것으로 판단되어 병원에 갈 것을 권유하였지만 건강보험료 체납 등을 이유로 진료 받는 것에 소극적입니다.
한편 A씨의 연금이 들어오는 통장은 차남이 아닌 제3자 B에게 있는데 그 이유는 차남이 B에게 돈을 빌렸기 때문이라고 합니다. 성년후견지원센터 회

의에서는 A의 연금이 적절하게 관리되고 있지 않기 때문에 경제적 학대에 해당한다고 판정하고 이에 따른 후속조치를 진행할 것을 결정합니다.

② 차남의 건강상태가 나쁘기 때문에 즉시 건강보험 피보험자자격을 얻을 수 있도록 절차를 의료기관에서 진료를 받도록 합니다.

③ 차남이 자립적으로 생활할 수 있도록 세대를 분리하여 기초생활보호수급을 신청하는 한편 A씨에 대해 성년후견을 신청하기로 합니다. A씨는 시설보다는 자택생활을 원하고 있어서 그 의향을 존중하여 주·야간보호센터에서 기존의 서비스를 계속 이용할 수 있도록 하고 지역사회자원연계사업기관을 통해 지원을 확대하기로 협의합니다.

④ 다른 지역에 거주하고 있는 장남가족과 연락하여 상황을 설명하고 성년후견제도를 신청하는 데 합의하도록 설득합니다.

⑤ 성년후견지원센터에 등록된 후견인 후보를 A씨의 후견인으로 세울 것을 합의하고 성년후견제도를 신청합니다.

⑥ 지역사회자원연계사업기관에서 차남이 생활할 곳을 확보, 세대를 분리하고 차남의 기초생활수급신청을 진행합니다.

⑦ A씨의 연금을 확보하고 B씨가 출금하지 못하도록 성년후견지원센터에서 은행에 출금정지를 신청합니다.

⑧ 인근 재가노인복지시설에 주·야간보호서비스를 받지 않는 시간에 A씨 가정을 방문하여 줄 것을 요청합니다.

⑨ 이후의 지원 등에 대해 협의하기 위해 지역연계사업기관에서 관할지역의 복지위원들과 사례회의를 개최, 본인의 의향에 따라 자택에서 생활할 수 있도록 현 서비스를 이후로도 계속 받을 수 있게 조치합니다. 세금 등의 체납과 B에 대한 차남의 변제에 대해서는 후견인과 차남이 각 담당부서 및 B씨와 매월 변제액을 조정할 수 있도록 하고 생활에 필요한 지출은 그때마다 함께 논의하도록 합의합니다.

1) 岩村正彦 編, 앞의 책, pp19.

2) 박은수, 『알고 이용하자! 성년후견제도』, 2012년(나남), pp31.

3) 구상엽, "개정 민법상 성년후견제도에 대한 연구 : 입법배경, 입법자의 의사 및 향후과제를 중심으로", 서울대학교(박사학위논문), pp167.

4) 피성년후견인에 대한 제3자의 금전채권을 성년후견인이 양수하는 경우.

5) 피성년후견인에게 금전을 빌린 사람에게 채무를 면제해주겠다고 한 경우 그 사람은 성년후견인의 동의가 있기 전에 그 채무의 면제를 거절할 수 있다.

6) 법인이 후견인이 될 경우에는 사업의 종류와 내용, 법인이나 그 대표자와 피후견인 사이의 이해관계 유무를 따지게 된다.

7) 제936조 제2항, 제940조의6 제1항.

8) 제936조 제3항.

9) 제939조.

10) 제940조.

11) 임의후견인이 사기나 협박으로 '피후견인의 모든 재산을 임의후견인에게 양도한다.'라는 계약을 체결한 경우 이 문구를 삭제하는 것만으로는 유효한 계약이라고 할 수 없고 그 계약 자체를 취소할 수밖에 없다.

12) 임의후견인이 대리권소멸사실이 등기되어 있지 않은 시기를 틈타 이러한 사실을 모르는 어떤 사람과 피후견인의 토지를 매매하기로 계약을 체결한 경우 피후견인은 임의후견인에게 대리권이 없다는 이유로 그 계약을 취소할 수 없다.

03

유언과 상속

1. 유언

가. 개요

유언은 사유재산제도에 따른 재산처분의 한 형태로서 우리 민법은 유언의 자유를 보장하고 있습니다.

유언이란 유언자가 의도한대로 법률효과를 발생시키는 것을 목적으로 일정한 방식에 따라 상대방 없이 하는 단독행위입니다. 유언의 성립과 이에 따른 효력은 시기적으로 차이가 있습니다. 유언은 유언이라는 표시행위를 완료했을 때 성립하지만, 유언의 효력은 유언자가 사망한 이후에 발생합니다.

나. 의의 및 법적 성격

유언은 자신이 죽은 이후의 법률관계를 정리하려는 생전의 의사표시로서 유언자의 사망을 기점으로 그 효력이 발생하는 행위입니다. 이는 유언자의 최종적 의사표시이자 상대방의 동의나 수락을 필요로 하지 않는 단독행위입니다.

특히 법적 효력이 있는 유언이란 법에서 정하고 있는 유언능력을 갖춘 유언자가 일정한 사항에 대해 엄격한 방식에 따라 하는 행위를 의미합니다.

따라서 유언은 ① 요식행위 ② 상대방 없는 단독행위 ③ 대리가 금지된 행위 ④ 사인(死因)행위라는 특성을 지닙니다.

· 다. 유언을 할 수 있는 사람

만 17세 이상으로서 의사능력만 있다면[1] 유효한 유언을 할 수 있습니다. 이는 피성년후견인인 경우에도 마찬가지입니다.

Q[14]
A씨는 유언을 공정증서로 작성할 당시 중증치매였고, 유언공정증서의 취지를 낭독한 뒤에도 그에 응답하는 말 대신 엉뚱한 이야기만 했습니다. 이런 유언도 효력이 있나요?

A[14]
유언 공정증서를 작성할 당시 유언자가 위와 같은 상태였다면, 유언자에게 의사능력이 없었던 것으로 봐야 합니다. 유언자가 유언의 취지를 구수(口授)하고 이에 따라 공정증서를 작성한 것으로 볼 수 없습니다. 이는 민법 제1068조가 정하는 공정증서에 의한 유언의 방식에 위배되므로 무효입니다(대법원 1996. 4. 23. 선고 95다34514 판결 참조).

또한 법적인 의미에서 유언이란 법에서 정한 유언능력을 갖춘 유언자가 법적 사항에 대해 엄격한 방식에 따라 하는 행위입니다.

따라서 유언은 ① 요식행위 ② 상대방 없는 단독행위 ③ 대리가 금지된 행위 ④ 사인(死因)행위로서 유언자의 사망 전에는 효력이 발생하지 않습니다.

라. 유언의 방식

유언에는 크게 5가지 방식이 있습니다. 유언자가 유언을 하거나 유언서를 작성했다 하더라도 아래의 방식에 따르지 않았다면 그 유언에는 법적 효력이 없습니다.

이렇게 유언에 엄격한 방식을 요구하는 것은 유언자의 진정한 의사를 명확히 하여 법적 분쟁과 혼란을 예방하기 위한 것입니다. 따라서 법이 정한 요건과 방식을 따르지 않으면 그것이 유언자의 본뜻이라 하더라도 무효가 됩니다.

Q[15] A씨는 생전에 아내나 자식들에게 본인이 죽으면 장남에게만 재산을 물려주겠다고 자주 말하곤 했습니다. A씨의 이러한 말은 유언으로서 효력이 있을까요?

A[15] 배우자나 자녀에게 죽기 전에 남기는 말이나 당부는 모두 유언에 해당합니다. 하지만 모두 법적인 효력이 있는 것은 아닙니다. 「민법」에서는 유언을 할 때 반드시 자필증서, 비밀증서, 공정증서, 녹음, 구수증서 등의 방식으로 해야 한다고 규정하고 있습니다. 이러한 방식을 따르지 않은 A씨의 유언은 효력이 없으며 따라서 자녀들과 부인은 법정상속분만큼 상속을 받을 수 있습니다(「민법」 제997조, 제1000조, 제1003조).

1) 자필증서에 의한 유언

자필증서에 의한 유언은 증인을 필요로 하지 않지만 반드시 전문, 년·
월·일, 성명, 날인 등을 모두 본인이 직접 작성해야 합니다. 문자의 삽입,
삭제, 변경 등도 마찬가지입니다.

■ 자필증서유언

유 언 장

사랑하는 아들 ○ ○ ○아……….
나 홍길동이 죽으면 다음과 같이 처리해 주기 바란다.

1. ○ ○ ○ 소재 부동산 A는 장남에게 상속한다.
2. ○ ○ 은행에 예금되어 있는 금 ○ ○ ○ 만원은 장녀에게 상속한다.
3. ○ ○ ○ 소재 부동산 B는 처 ○ ○ ○ 에게 상속한다.
4. ○ ○ 시 ○ ○ 동 ○ ○ 번지에 사는 C는 나의 아들임을 인지한다.
5. 유언집행자는 ○ ○ ○ 으로 한다.
6. 장례식은 간소하게 하고 시신은 화장하여 납골당에 안치하기 바란다.

2○○○ 년 ○○월 ○○일

서울시 ○○구 ○○동 ○○○번지

유언자　홍길동 (인)

■ 유언의 조건

1. 전문 자서

2. 연월일의 자서

3. 성명의 자서 및 날인

4. 자필증서에 문자 삽입, 삭제, 변경하는 경우 유언자가 이를 자서하고 날인

5. 증인은 필요치 않음

2) 공증에 의한 유언

유언자가 직접 유언장을 작성하지는 않지만 증인 2명 이상이 참석하여 유언자가 공증인 앞에서 유언의 취지와 내용을 말하고, 공증인이 내용을 필기한 후 이를 유언자와 증인 앞에서 낭독해야 합니다. 또한 유언자와 증인은 공증인의 필기가 정확한지 확인한 후 각자 서명 또는 기명날인합니다.

3) 녹음에 의한 유언

유언자가 녹음의 취지, 성명, 연월일 등을 말해야 합니다. 참석한 증인은 유언자의 유언 내용 등이 정확하다는 것과 자신의 성명 등을 말해야 합니다. 증인의 수에는 제한이 없습니다.

4) 비밀증서에 의한 유언

비밀증서에 의한 유언은 유언자가 자신의 성명을 쓴 증서를 엄봉·날인하고 이 증서를 2인 이상의 증인에게 제출하여 자신의 유언임을 표시한 후 봉투에 유언서를 제출한 연월일을 기재한 후 유언자와 증인이 각자 서명 또는 날인해야 합니다.

이로부터 5일 이내에 공증인 또는 가정법원에 제출하여 그 봉인 위에 확정일자를 받으면 유효한 유언증서가 됩니다.

5) 구수증서에 의한 유언

구수증서에 의한 유언은 질병이나 급박한 사정 때문에 위의 방식으로 유언을 할 수 없는 경우 보충적으로 인정되는 방식입니다.

이 유언은 증인 2명 이상이 참석하도록 하고 그 중 한 사람에게 유언자가 자신의 유언의 취지를 말하면 그 증인은 이를 필기·낭독하고 유언자와 다른 증인이 내용이 정확함을 승인한 후 각자 서명 또는 기명날인합니다. 이후 급박한 사유가 종료된 날로부터 7일 이내에 법원에 그 검인을 신청, 가정법원의 심판으로 검인하면 효력이 발생합니다.

마. 유언이 가능한 내용

유언자는 다음 사항에 대해 유언할 수 있습니다. 이를 유언법정주의라고 합니다.

① 가족관계에 관한 사항(인지, 친생부인, 후견인의 지정 등)

② 재산처분에 관한 사항(유증, 재단법인 설립을 위한 재산출연, 신탁 등)

③ 상속에 관한 사항[상속재산 분할방법 지정·위탁, 상속재산 분할금지(5년 이내)]

④ 유언의 집행에 관한 사항(유언집행자의 지정 또는 위탁)

바. 유증

유증이란 유언자가 유언으로 자신의 재산을 수증자에게 무상으로 양도할 것을 내용으로 하는 행위를 말합니다. 유증에 대한 민법규정은 대부분 임의규정이지만 무제한 허용되는 것은 아니고 유류분에 관한 규정에 의해 유증의 자유가 제한됩니다.

유증에는 3 종류가 있습니다.

① 포괄유증 : 적극재산(금전적 가치가 있는 재산)이나 소극재산(부채)을 가리지 않고 상속재산의 전부나 비율에 따른 유증

② 특정유증 : 목적물을 구체적으로 특정하여 하는 유증

③ 부담부 유증 : 유언자가 수증자에 대해 이익을 줌과 동시에 한편으로 부담도 주는 유증

사. 수증능력

유언은 상대방을 필요로 하지 않는 행위이기 때문에 수증자의 동의나 허락이 없어도 가능하며, 수증자의 의사능력도 요구되지 않습니다. 따라서 의사무능력자나 법인, 태아 등도 수증자가 될 수 있습니다.

단 수증자는 유언자가 사망할 당시 반드시 생존하고 있어야 하며, 유언 자보다 먼저 사망한 경우 그 유증은 무효가 됩니다.

한편 상속결격자는 수증자가 될 수 없고 수증자의 상속인이 대신 상속 하는 것도 허용되지 않습니다.

아. 유언의 철회

유언의 효력이 발생하기 전(유언자의 사망)에 유언자가 자신의 유언을 무 효로 하는 일방적인 행위를 말합니다.

유언의 철회는 자유이며 어떤 이유가 있어야 하는 것도 아닙니다. 따라 서 유언이 성립한 이후라도 유언자는 자신이 죽기 전에 언제, 어떤 방식으 로든 유언의 일부나 전부를 철회할 수 있습니다. 철회권의 포기는 인정되 지 않습니다.

Q[16] A는 2007년 12월 30일에 공정증서에 의한 유언을 작성하였습니다. 그런 데 2009년 1월 5일에 유언장을 다시 쓸 수 있나요?

A[16] 유언은 유언자의 의사에 따라 자유롭게 이루어지며 유언의 철회도 마찬 가지입니다. 유언의 철회는 유언장을 다시 쓰거나 유언장에 쓴 내용과 다 른 행위(B에게 유증하기로 한 토지를 미리 C에게 증여하는 등)를 하는 방식으로 이루 어집니다.

자. 유언의 무효와 취소

다음 경우에는 유언이 무효가 됩니다.

① 자필증서, 비밀증서, 공정증서, 녹음, 구수증서 등의 방식에 따르지 않은 경우
② 유언 무능력자인 17세 미만인 자나 의사무능력자가 유언을 한 경우
③ 수증을 받을 수 없는 자에게 유언한 경우[2]
④ 민법 제103조(반사회질서 법률행위) 또는 강행법규에 반하는 유언을 한 경우
⑤ 법정사항 이외의 사항에 관해 유언한 경우(법정사항 외의 내용에 대해서만 무효처리)

또한 유언의 중요부분에 착오가 있었거나 사기·강압에 의해 유언한 경우에는 이를 취소할 수 있습니다.

차. 유언의 효력

일반적으로 유언은 유언자가 사망한 시점부터 효력이 발생합니다. 유언에는 조건이나 기한을 붙일 수 있는데(조건부·기한부 유언) 이 경우에는 조건이 성취되거나 기한이 도래한 때부터 유언의 효력이 발생합니다. 만일 조건이 해제조건인 경우에는 유언자의 사망으로 일단 유언의 효력은 발생하고, 해제조건이 성취되면 유언 효력이 소멸합니다.

Q[17] 유언장에 'A가 대학에 합격하면 학비를 준다'고 한 경우 언제부터 유언의 효력이 생기나요?

A[17] A가 대학에 합격하는 때부터 유언의 효력이 발생합니다. 만약 유언자가 사망하기 전에 A가 대학에 합격한 경우에는 조건 없는 유언(제151조 제2항)이 되어 유언자가 사망한 때부터 효력이 발생합니다(제1073조 제1항).

카. 유언의 집행

유언의 집행이란 유언자의 사망 이후 유언장에 표시된 의사를 실현하는 행위나 절차를 말합니다. 유언의 집행은 유언집행자가 합니다.

유언집행자의 유형은 다음과 같습니다.

① 지정유언집행자 : 유언자가 유언으로 유언집행자를 지정한 경우 또는 그 지정을 제3자에게 위임하여 그 사람에 의해 지정된 경우
② 법정유언집행자 : 상속 순위에 따른 유언집행자
③ 선임유언집행자 : 유언집행자가 없는 경우 신청으로 가정법원이 유언집행자를 선임한 경우

무능력자나 파산자는 유언집행자가 될 수 없습니다. 유언집행자는 상속인의 대리인으로서 상속인과의 관계·임무·사무의 종료 등에 있어서는 위임에 관한 규정이 적용됩니다.

유언집행자는 재산목록 작성, 유언집행에 필요한 행위에 관해 권리와 의무가 있으며 보수청구권도 있습니다. 유언집행에 필요한 비용은 상속재산 중에서 지급합니다.

타. 유류분

유류분은 상속인을 보호하기 위한 제도로서 법률상 법정상속인을 위해 인정해놓은 상속재산의 일정부분을 말합니다. 즉 유언에 의한 유증이나 생전증여를 제한하는 기능을 합니다. 유류분에 관한 비율은 다음과 같습니다.

① 피상속인의 직계비속이나 배우자는 법정상속분의 1/2
② 피상속인의 직계존속 및 형제자매는 법정상속분의 1/3

대습상속인이나 태아도 유류분권을 가집니다.

그러나 피상속인이 생전에 자신의 재산을 처분하여 상속인의 유류분을 침해할 것이 분명하더라도 상속이 개시되기 전에는 유류분권만으로는 이를 막을 수 없습니다.

또한 상속이 개시된 후에도 유류분을 침해한 피상속인의 처분이 자동적으로 무효가 되는 것은 아닙니다. 즉 유류분을 침해당한 상속인은 그 범위에서 이를 반환하도록 하는 권리(유류분반환청구권)만을 가집니다. 유류분권은 상속이 개시된 이후에만 이를 포기할 수 있습니다.

2. 상속

가. 상속의 의의 및 유형

상속이란 사람의 사망으로 인해 발생하는 재산 관련 법률관계(채권·채무)가 포괄적으로 피상속인에게 승계되는 것을 말합니다.

우리 민법은 상속 유형에서 재산상속만 인정하고 있고(호주상속의 폐지) 법정상속과 유언에 의한 상속을 모두 인정하고 있습니다. 법정상속이란 상속인의 범위와 순위가 법률에 의해 정해지는 것을 말하며 유언상속은 유언에 의해 그 순위가 정해지는 것을 말합니다.

한편 재산상속은 사망상속만 인정되지만 호주승계는 생전상속도 가능합니다. 단 재산상속은 공동상속이 허용되지만 호주승계는 공동상속이나 강제상속을 인정하고 있지 않습니다.

상속비율에 대해서는 균분상속을 원칙으로 하되 배우자의 경우에만 50%를 가산하도록 하고 있습니다.

상속은 피상속인의 사망으로 시작되고[3] 상속인은 피상속인의 재산에 관한 권리의무를 포괄적으로 승계하는 것이므로 상속인이 상속을 포기하지 않는 이상 채무도 함께 승계됩니다.

실종선고를 받은 사람도 사망한 것으로 보아 상속이 시작됩니다. 즉 상속은 사망·실종선고·인정사망으로 시작되는데 그 시기는 사망의 경우에는 사망 시, 실종선고인 경우에는 실종기간 만료 시, 인정사망인 경우에는 사망보고 시입니다.

상속은 피상속인의 주소지를 기준으로 하기 때문에 피상속인이 자신의 주소지 이외의 장소에서 사망하더라도 그 주소지에서 상속이 시작되며 상속에 관한 각종 비용은 상속재산 중에서 지급됩니다. 또한 판례에 따라 장례비용은 상속비용으로 보는 것이 일반적입니다.

나. 누가 상속인이 되는가?

피상속인의 직계비속 → 직계존속 → 형제자매 → 4촌 이내 방계혈족 순위로 상속인이 됩니다.

직계비속이 여러 명인 경우 촌수가 같으면 같은 순위로 공동상속하고 촌수가 다르면 가까운 직계비속이 선순위 상속인이 됩니다. 직계비속은 자연혈족 뿐 아니라 양자[4] 등 법정혈족에게도 동일하게 적용되고, 혼인 외의 자녀라도 인지하면 상속인이 됩니다. 상속에 있어서 태아 역시 이미 출생한 것으로 보므로 상속인이 될 수 있습니다.

직계비속이나 직계비속의 대습상속인이 없는 경우에는 직계존속이 상속인이 되는데 상속인이 여러 명인 경우 촌수가 같으면 같은 순위로, 촌수가 다르면 최근친이 우선 상속인이 됩니다. 이혼한 부모도 상속권이 있습니다.

배우자는 제1순위 및 제2순위와 같은 순위로 공동상속인이 되고 그 상속인이 없는 경우에는 단독으로 상속합니다.

또한 대습상속의 경우 상속이 시작되기 전에 사망 또는 결격된 자의 배우자는 대습상속인과 같은 순위가 되고 대습상속인이 없을 때는 단독상속인이 됩니다. 단 이혼한 배우자나 사실혼 배우자에게는 상속권이 없습니다.

상속권은 부계 뿐 아니라 모계에서도 인정되며 이는 피상속인의 형제자매가 상속하는 경우에도 마찬가지입니다. 그리고 대습상속은 형제자매의 직계비속이나 배우자에게도 인정됩니다.

4촌 이내의 방계혈족이 상속하는 경우에는 촌수가 가까운 자가 선순위가 되고 촌수가 같으면 이를 공동으로 상속합니다.

Q[18] 이런 사람도 상속을 받을 수 있나요?

A[18]
① 이복형제 : 상속인이 될 수 있음
② 이혼소송 중인 배우자 : 상속권이 있음. 하지만 이미 이혼한 배우자는 상속권이 없음
③ 이혼한 부모 : 상속권이 있음. 친권이나 양육권이 없는 상속인의 사망 시에도 상속인이 됨

다. 대습상속

대습상속이란 상속인이 될 직계비속이나 형제자매가 상속이 시작되기 전에 사망했거나 결격자가 된 경우 그에게 직계비속이나 배우자가 있을 때는 그 직계비속이나 배우자가 사망하거나 결격된 자의 순위에 갈음하여 상속인이 되는 것을 말합니다.

대습상속의 요건은 다음과 같습니다.

① 상속인이 될 자가 피상속인의 직계비속 또는 형제자매일 것
② 상속인이 될 자가 상속개시 전 사망 또는 상속결격이 되었을 것
③ 상속인의 직계비속 또는 배우자여야 하며 대습자 역시 상속결격자가 아닐 것

한편 동시 사망 추정 시에도 대습상속이 이루어지는지에 대해서는 판례를 따릅니다. '상속인이 될 직계비속이 상속 개시 전에 사망한 경우'에는 상속인이 될 직계비속이 상속개시와 동시에 사망한 것으로 추정되는 경우도 포함됩니다.

라. 상속결격

상속결격이란 상속인에게 법에서 정한 일정한 사유가 발생한 경우 상속자격을 상실하는 것을 말합니다. 다음과 같은 경우에 해당합니다.

① 살인관련 부덕행위 – 고의로 상속인, 피상속인과 그 배우자 또는 선순위자나 동순위자를 살해하거나 살해하려고 한 경우(기수, 미수, 예비, 음모, 자살교사, 방조 등을 불문)
② 상해치사관련 부덕행위 – 고의로 상속인, 피상속인과 그 배우자 등에게 상해를 가하여 사망하게 한 경우
③ 사기, 강박으로 피상속인의 양자 기타 상속에 관한 유언 또는 그 철회를 방해한 경우
④ 피상속인의 양자 기타 상속에 관한 유언서를 위조 · 변조 · 파기하거나 은닉한 경우

마. 상속의 효과

피상속인의 재산상 권리의무가 상속인에게 상속됩니다. 따라서 물권 · 점유권은 물론, 일반적인 손해배상청구권(특히 재산상 손해배상청구권), 무체재산권, 형성권, 이혼 시 재산분할청구권 등 채권도 상속됩니다. 또한 생명침해나 명예훼손 등을 원인으로 하는 위자료청구권도 당연히 상속된다는 것이 판례의 입장입니다.

하지만 생명보험금이나 생명보험수익자의 지위(상속인들의 보험금청구권)는 상속인들의 고유재산으로서 상속재산으로 보지 않습니다(판례). 신분법상 (약혼해제, 이혼, 파양 등)의 위자료청구권도 원칙적으로 상속되지 않지만 그 배상에 관한 계약이 성립된 경우나 소를 제기한 경우에는 상속권이 인정됩니다.

한편 채무 및 기타 재산적 의무나 통상의 보증채무는 상속되는 것이 원칙이지만 신원보증이나 근보증의 지위는 원칙적으로 상속이 인정되지 않습니다. 단 보증인이 사망하기 전 이미 발생한 보증채무는 상속됩니다. 또한 판례는 보증한도액을 정한 근보증은 상속을 인정하고 있습니다.

그 밖에 상속의 효과를 보면 다음과 같습니다.

> **근보증**
>
> 우유배달, 혹은 신문배달과 같이 일정하고 지속적인 거래관계나 법률관계에서 앞으로 발생하게 될 불특정채무에 대해 보증하는 것으로서 계속적 보증 또는 신용보증이라고도 한다.

■ 구체적인 상속의 효과

1. 물권은 원칙적으로 전부 상속됩니다. 점유권도 마찬가지지만 점유권이 공동상속인 경우 상속분에 관한 규정은 적용되지 않습니다.
2. 유해는 제사를 주재하는 자에게 상속되며 제사용 재산도 일정 부분 제사를 주재하는 자가 승계합니다.
3. 채권은 일신전속적인 것은 상속되지 않고 그렇지 않은 것만 상속되는데
   가. 부양청구권이나 대리권 등은 일신전속권으로서 상속되지 않습니다. 단 대리에 관한 본인의 지위는 민법상으로는 상속되지 않지만 상법상의 것은 상속됩니다.
   나. 이혼 시 재산분할청구권은 당연히 상속되지만 부양적 요소에 해당하는 부분은 그렇지 않습니다.
   다. 계약상 또는 법률상의 지위 중 당사자 간 신뢰성이 강한 위임이나 고용은 상속되지 않고 사망 시 당연히 종료됩니다.
   라. 임대차(임차권)는 재산적 가치를 갖는 채권이므로 당연 상속되며 등기협력의무도 함께 상속됩니다.
4. 사원권
   가. 비영리사단법인의 사원의 지위는 원칙적으로 양도나 상속이 되지 않지만 정관 등에 별도로 정한 경우에는 가능합니다(판례).
   나. 무한책임사원의 지위나 조합원의 지위도 원칙적으로는 상속이 불가하지만 위의 경우에는 가능합니다. 유한책임사원의 지위나 주식회사의 주주권은 당연히 상속이 가능합니다.
   다. 소송상의 지위는 당사자가 사망하면 소송은 일단 중단되지만 그것이 일신전속적인 것이 아니라면 상속인이 이를 받아 소송을 계속할 수 있습니다.

바. 상속분

순위가 같은 상속인이 여러 명 있는 경우 상속인들은 각자의 상속분에 의해 피상속인의 권리의무를 승계합니다. 단 상속재산을 분할하기 전까지는 상속인들이 이를 공유합니다.

상속분은 지정상속분과 법정상속분으로 구분되는데, 지정상속분은 피상속인(고인)의 의사로 상속분이 정해진 것을 말하며 법정상속분이란 법률 규정으로 정해진 것을 말합니다.

지정상속분은 유언에 의한 상속분으로서 상속인 뿐 아니라 제3자도 상속분을 가질 수 있습니다. 단 유류분을 침해하는 유언인 경우 그 부분에 있어서는 효력이 없으며, 유언으로 상속채무의 부담비율을 정할 수는 없습니다.

민법 제1008조는 특별수익자의 상속분, 제1008조의 2는 기여분에 관해 각각 규정하고 있습니다. 기여분은 공동상속인 중 상당한 기간 동거·간호 그 밖의 방법으로 피상속인을 특별히 부양하거나(효도상속분) 피상속인의 재산 유지 또는 증가에 특별히 기여한 사람에 대한 사후적인 상속분입니다.

상속개시 당시 피상속인의 재산가액에서 공동상속인의 협의로 정한 그 사람의 기여분을 공제한 것을 상속재산으로 하고 법정상속분 또는 대습상속분에 기여분을 가산하게 됩니다.

여기에서 특별한 부양이란 통상적인 부양의무 이상을 의미하는 것으로서 배우자의 단순한 간병이나 가사노동 등은 부부의 협조 부양의무에 해당하므로 특별한 부양에 해당되지 않습니다. 이에 대해 대법원은 "통상 예견되는 부양의무이행을 넘어서는 경우, 예를 들어 일시적인 것이 아니라 장기간의 부양, 부양자 자신과 동등한 생활수준이 부양, 동거부양 등 부양의 기간, 방법, 정도를 따져서 단순부양으로 보여지지 않는 경우에는 기여분 청구를 인정해야 한다"고 판시하고 있습니다.

분묘 등과 관련해서는 분묘에 속한 1정보 이내의 금양임야와 600평 이내의 묘토인 농지, 족보와 제구의 소유권은 제사를 주재하는 자가 이를 승계한다고 명시하고 있습니다.

사. 상속의 승인과 포기

상속의 승인에는 단순승인과 한정승인이 있습니다.

단순승인이란 피상속인의 권리의무를 무제한 혹은 무조건 승계하는 것으로서 어떤 형식도 필요로 하지 않습니다. 반면 한정승인은 상속으로 받은 재산 범위 내에서 피상속인의 채무나 유증 등을 변제하는 것으로서 반드시 가정법원에서 해야 합니다.

상속의 포기는 상속으로 인해 발생한 법률효과를 상속이 개시된 때로 소급하여 소멸시키는 것으로서 한정승인과 마찬가지로 법원에서 해야 합니다.

상속의 승인(한정승인을 포함)이나 포기는 상속이 개시되었다는 것을 안 날로부터 3개월 내에 해야 합니다. 단 상속인이 상속 재산보다 채무가 많다는 사실을 중대한 과실 없이 그 기간 내에 알지 못하고 단순 승인한 경우에는 그 사실을 안 날로부터 3개월 내에 포기할 수 있도록 하여 상속인을 보호하고 있습니다.

상속인이 상속 승인이나 상속 포기를 한 이후라도 행위무능력, 사기·강박·착오 등의 사유가 있는 경우에는 이를 취소할 수 있습니다.

아. 상속인 없는 재산의 처리

상속인의 존재여부가 불분명할 때는 피상속인의 친족, 기타 이해관계인 또는 검사의 청구에 의해 상속재산관리인을 선임하고 지체 없이 이를 공고해야 합니다(민법 제1053조 제1항).

본 조항에 대한 세부적인 설명은 다음과 같습니다.

1) 상속인의 존재여부가 불분명할 때

신원불명인 자가 사망한 경우나 상속인이 없는 경우, 상속인 모두 상속을 포기한 경우에 해당합니다.

2) 피상속인의 친족

8촌 이내의 혈족, 4촌 이내의 인척, 배우자 등

3) 이해관계인

상속인의 사망과 관련하여 법률상 권리·의무관계가 있는 자를 말합니다. 사회복지사, 요양보호사는 해당되지 않지만 경우에 따라 성년후견인은 포함됩니다. 한편 이 제도의 공익적 성격을 고려하여 검사도 신청할 수 있도록 하고 있습니다.

4) 절차

① 공고한 날로부터 3개월 내에 상속인이 존재여부를 모를 경우 : 상속재산관리인은 지체없이 일반상속채권자나 유증받은 자에게 일정(최소 2개월 이상)기간 내에 그 채권 또는 수증을 신고할 것을 공고해야 합니다.

② 공고일로부터 3개월 이후에도 상속인의 존재여부를 모를 경우 : 법원은 상속재산관리인의 신청에 의해 상속인이 있으면 일정한 기간(최소 2년 이상) 내에 그 권리를 주장할 것을 공고해야 합니다.

③ 2년이 지나도 상속권을 주장하는 자가 없는 경우 : 가정법원은 피상속인과 생계를 같이 하고 있던 자, 피상속인을 요양간호한 자, 기타 피상속인과 특별한 연고가 있던 자의 신청에 의해 상속재산의 전부 또는 일부를 분여할 수 있습니다(이 신청은 일반상속채권자 및 유증받은 자에 대해 그 채권 또는 수증을 신고할 것을 공고한 기간이 만료된 후 2개월 내에 해야 함).

④ 특별연고자도 없는 경우 : 상속재산은 국가에 귀속됩니다.

[그림 4] 상속인 없는 재산의 처리

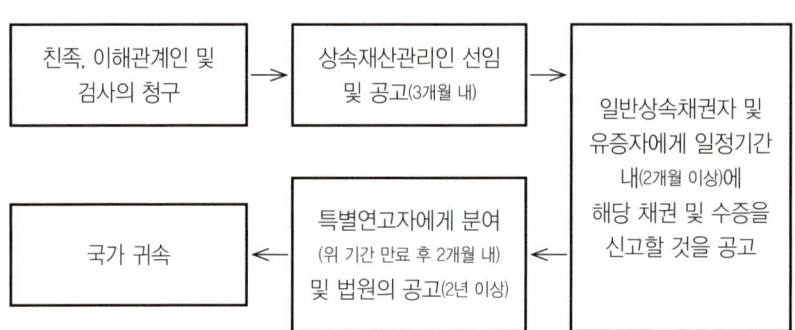

문헌 및 각주

1) 의사를 표현할 능력의 유무는 의료인이 판단한다.

2) 예외적인 경우도 있다. 경북 예천의 석송령은 1930년경 이 마을에 살던 이수목이라는 사람이 그 이름을 지어주고 자기 소유의 토지 6,600㎡를 상속 · 등기해주어 지금에 이르고 있다고 한다.

3) 호흡과 맥박, 혈액순환이 멎은 때를 사망시점으로 보는 것이 일반적이다(호흡정지설).

4) 양자는 양가 뿐 아니라 생가에서도 상속인이 된다.

제 4 장

상속세법

01

상속세 등에 관한 법률

1. 들어가며

앞에서 살펴본 것처럼 사람이 사망하면 유언 내용이나 상속법에서 정한 바에 따라 재산 등이 상속인에게 이전됩니다. 이때 그 재산을 취득한 자에게 부과되는 조세(세금)를 상속세라고 합니다.

상속세는 유산과세형과 취득과세형으로 구분할 수 있는데 우리나라는 단독 또는 공동상속 여부와 관계없이 피상속인의 재산총액에 대해 과세하는 유산과세형을 취하고 있습니다.[1]

한편 상속 외에도 재산이 타인에게 무상으로 이전되는 경우로 증여·유증·사인증여 등이 있는데 그 개념은 다음과 같습니다.[2]

구 분	개 념
상 속	사람의 사망 또는 실종선고 등으로 인해 피상속인의 채권·채무 등 법률상의 지위가 상속인 등에게 포괄적으로 승계되는 것
유 증	유언으로 재산의 전부 또는 일부를 무상으로 타인(수증자)에게 주는 것
사인증여	증여의 일종으로서 증여에 관한 계약은 생전에 하였으나 그 효력은 증여자의 사망 후에 발생하는 것
증 여	자신의 재산을 타인에게 직접 또는 간접적인 방법을 통해 무상 또는 현저히 저렴한 대가로 이전하는 것 내지 자신의 기여로서 타인의 재산적 가치를 증가시키는 것

이들은 모두 재산(부)을 무상으로 이전하기 때문에 이에 대한 효과로써 해당 재산에 대해 일정한 조세를 부과하게 됩니다. 과세 의무자는 상속세 및 증여세법이 규율하는 바에 따라(조세법률주의) 이를 납부해야 합니다.

상속세 및 증여세법 중 특히 상속세에 관한 사항은 현금이나 부동산, 차량 등 금전적 가치가 있는 유산·유품의 정리와 관련해 매우 중요한 의미를 지닙니다.

2. 상속세의 과세대상 등

가. 과세대상

상속세에 관한 규정은 일반적인 상속 뿐 아니라 유증·사인증여 및 특별연고자에 대해 상속을 하는 경우에도 적용되며 상속세 부과대상은 상속개시일 또는 실종선고일 현재의 상속재산 전부입니다.

국내에 주소를 두거나 1년 이상 거소를 둔 사람(거주자)이 사망했을 때는 그 사람의 모든 상속재산에 세금이 부과되고, 외의 자(비거주자)가 사망했을 때는 그 사람의 재산 중 국내에 있는 상속 재산에만 세금에 부과됩니다.

나. 납부의무자

상속세 납부의무자는 상속인, 수증자 및 특별연고자입니다. 우리 민법은 자연인 뿐 아니라 법인도 상속능력이나 수증능력이 있는 것으로 보기 때문에 이 규정은 법인에도 적용됩니다. 단 유증·사인증여의 경우 수증자(수유자) 또는 특별연고자가 영리법인인 경우에는 이를 면제합니다.

상속세는 상속인 또는 수유자 각자가 받았거나 받을 재산을 한도로 연대하여 납부할 의무를 집니다(연대의무).

한편 다음과 같은 방법으로 상속세를 부당하게 감소시킨 것으로 인정되는 경우에는 그 행위나 거래의 명칭·형식에 관계없이 그 실질적인 내용에 따라 당사자가 직접 거래한 것으로 보거나 연속된 하나의 행위로 보아 법에서 정한 바에 따라 상속세를 부과하도록 하고 있습니다.

① 제3자를 통한 간접적인 방법
② 둘 이상의 행위
③ 거래를 거치는 방법 등

상속인 중 상속순위가 선순위인 단독상속인 또는 동순위의 공동상속인

전원이 상속을 포기하여 그 다음 순위에 있는 후순위상속인이 재산을 상속받는 경우에는 후순위상속인이 받았거나 받을 상속재산의 점유비율에 따라 상속세 납부 의무를 지게 됩니다.

후순위상속인이 피상속인의 1촌 외의 직계비속인 경우에는 세대를 건너뛴 상속에 대한 할증과세에 관한 규정에 따라[3] 계산한 금액을 할증 가산합니다. 이때 선순위상속인에게 상속재산에 가산해야 할 증여재산이 있으면 해당 증여재산의 가액에 상당하는 상속세액에 대하여 납부할 의무는 선순위상속인에게 있으며 다른 상속인들이 납부할 상속세액에 대해서도 연대하여 납부하여야 합니다.

또한 상속재산으로 보아 상속세과세가액으로 산출된 금액은 선순위상속인이 법정상속분으로 상속받은 것으로 추정하여 그 선순위상속인에게 상속세 납부의무가 있으며 다른 상속인들이 납부할 상속세액에 대해서도 연대하여 납부해야 합니다.

다. 과세관할

상속세는 피상속인의 주소지 또는 거소지(상속 개시지)를 관할하는 세무서장 또는 지방국세청장이 과세합니다. 피상속인의 실종선고로 인해 상속이 개시되는 경우에도 동일합니다

이때 피상속인의 주소는 국내에서 생계를 같이하는 가족이나 국내에 소재하는 재산의 유무 등 객관적 사실에 따라 판정하지만 일반적으로는 주민등록법에 따른 주민등록지로 하는 것이 원칙입니다. 단 피상속인의 상속개시지가 불분명한 경우에는 주된 상속인[4]의 주소지를 관할하는 세무서장이 과세합니다.

상속개시지가 국외인 경우에는 상속재산 소재지를 관할하는 세무서장 등이 과세하고, 상속재산이 둘 이상의 관할구역에 있는 경우에는 주된 재산의 소재지를 관할하는 세무서장이 과세합니다.

3. 상속재산

가. 상속재산의 범위

상속재산은 피상속인의 재산으로서 금전으로 환산할 수 있는 경제적 가치가 있는 모든 물건뿐만 아니라 재산적 가치가 있는 법률상·사실상의 모든 권리까지 포함됩니다. 여기에는 소유권을 비롯한 물권·점유권, 각종 채권, 무체재산권, 신탁수익권 내지 신분법상의 일신전속권을 제외한 계약 또는 법률상의 지위 등이 있습니다.

또한 다음의 재산도 모두 상속재산으로 봅니다.

① 피상속인의 사망으로 인해 받는 생명보험이나 손해보험에서 받은 금액으로서, 피상속인이 보험계약자인 계약을 통해 받은 재산
② 피상속인이 보험계약자는 아니지만 그가 실질적으로 보험료를 납부함으로써 받은 재산
③ 피상속인이 신탁한 재산
④ 피상속인의 신탁으로 타인으로부터 신탁의 이익을 받을 권리를 소유하고 있는 경우 그 이익에 상응하는 재산
⑤ 피상속인에게 지급될 퇴직금, 퇴직수당, 공로금, 연금 또는 이와 유사한 것이 피상속인의 사망으로 인해 지급된 경우

그러나 다음과 같은 재산은 상속재산에서 제외합니다.

① 피상속인의 일신전속적 권리로서 피상속인의 사망으로 인해 소멸되는 재산
② 보험계약자가 피상속인인 경우라도 실질적으로는 피상속인이 아닌 다른 사람이 보험료를 납부한 경우 그 보험금(또는 보험금분)
③ 타인이 신탁의 이익을 받을 권리를 소유하고 있는 경우 그 이익에 상응하는 가액
④ 국민연금법·공무원연금법·군인연금법·산업재해보상보험법 등에서 정한 급여
⑤ 근로자의 업무상 사망에 따른 「근로기준법」 등의 준용으로 그 근로자의 유족 등이 해당 사업자로부터 지급받는 유족보상금 또는 재해보상금 및 그 밖에 이와 유사한 것
⑥ 전직대통령예우에 관한 법률·별정우체국법에서 정한 급여

나. 상속재산의 추정

한편 피상속인이 사망하기 전(즉 상속개시일 전)에 재산을 처분했거나 채무를 부담한 경우 다음에 해당하면 이를 상속받은 것으로 추정하여 상속세과세가액에 포함합니다.

① 상속개시일 전 1년 내에 피상속인의 재산처분으로 받은 금액 또는 피상속인의 재산에서 인출한 금액이 재산 종류별로 계산하여 2억 이상인 경우
② 상속개시일 전 2년 내에 피상속인의 재산처분으로 받은 금액 또는 피상속인의 재산에서 인출한 금액이 재산 종류별로 계산하여 5억 이상으로 용도가 객관적으로 명백하지 않은 경우

③ 상속개시일 전 1년 이내에 피상속인이 부담한 채무를 합한 금액이 2억 이상인 경우

④ 상속개시일 전 2년 이내에 피상속인이 부담한 채무를 합한 금액이 5억 이상으로 용도가 객관적으로 명백하지 않은 경우

⑤ 피상속인이 국가, 지방자치단체 및 금융회사 등이 아닌 자에 대하여 부담한 채무로서 상속인이 변제할 의무가 없는 것으로 추정되는 경우

재산종류별이란 현금·예금 및 유가증권, 부동산 및 부동산에 관한 권리, 그 밖에 기타 재산을 말합니다.

또한 용도가 객관적으로 명백하지 않은 경우란 다음과 같습니다.

① 피상속인이 재산을 처분하여 받은 금액, 피상속인의 재산에서 인출한 금전 또는 채무를 부담하고 받은 금액 등이 거래증빙의 불비 등으로 확인되지 않는 경우

② 거래상대방이 금전 등의 거래나 수수한 사실을 부인하거나 거래상대방의 재산상태 등을 볼 때 거래나 수수한 사실이 인정되지 않는 경우

③ 거래상대방이 피상속인과 특수 관계에 있는 자로서 사회통념상 지출사실이 인정되지 않는 경우

④ 피상속인이 재산을 처분하거나 채무를 부담하고 받은 금전 등으로 취득한 다른 재산이 확인되지 않는 경우

⑤ 피상속인의 연령·직업·경력·소득 및 재산상태 등으로 보아 지출사실이 인정되지 않는 경우

그러나 객관적으로 명백하지 않은 금액(용도불명금액)[5]이 다음 중 더 적은 금액보다 미달인 경우에는 용도불명으로 보지 않습니다.

① 피상속인이 재산을 처분하여 받은 금액이나 피상속인의 재산에서 인출한 금

전 등 또는 채무를 부담하고 받은 금액의 100분의 20에 해당하는 금액

② 2억원

즉 이 금액 이상인 경우에만 ①, ② 중 적은 금액을 차감한 금액을 용도불명으로 추정합니다.

한편 상속인이 변제할 의무가 없는 것으로 추정되는 경우는 다음과 같습니다.

① 국가·지방자치단체 및 금융기관에 대한 채무로써 해당 기관에 대한 채무임을 확인할 수 있는 서류

② 채무부담계약서, 채권자확인서, 담보설정 및 이자지급에 관한 증빙 등에 의하여 그 사실을 확인할 수 있는 서류 등에 의하여 상속인이 실제로 부담해야 할 사실이 확인되지 않는 경우

다. 비과세상속재산

비과세 대상인 상속재산은 다음과 같습니다.

① 전사, 이에 준하는 사망 또는 전쟁이나 그 밖에 이에 준하는 공무이 수행 중 입은 부상이나 질병으로 인한 사망으로 상속이 개시되는 경우

② 국가, 지방자치단체 또는 지방자치단체조합·공공도서관·공공박물관 등 기획재정부령으로 정한 공공단체에 유증·사인증여한 재산

③ 문화재보호법에 따른 국가지정문화재 및 시·도지정문화재와 같은 법에 따른 보호구역에 있는 토지로서 해당 문화재 또는 문화재자료가 속하여 있는 보호구역의 토지

④ 민법 제1008조의3에 규정된 재산 중 제사를 주재하는 상속인(여러 상속인이 공동
으로 제사를 주재하는 경우 그 공동으로 주재하는 상속인 전체)을 기준으로

　ㄱ. 피상속인이 제사를 주재하고 있던 선조의 분묘에 속한 9,900㎡ 이내의
　　금양임야[6]

　ㄴ. 분묘에 속한 1,980㎡ 이내의 묘토인 농지

　ㄷ. 족보와 제구

단 ①과 ②를 합한 재산가액이 2억원이 넘는 경우에는 2억원을 한도로,
③의 재산가액 합계액이 1천만원을 넘는 경우에는 1천만원을 한도로 비과
세합니다.[7]

⑤ 정당법에 따른 정당에 유증 등을 한 재산

⑥ 「근로복지기본법」에 따른 사내근로복지기금, 우리사주조합 및 근로복지진흥
기금 단체에 유증 등을 한 재산

⑦ 사회통념상 인정되는 이재구호금품, 치료비 및 그 밖에 불우한 사람을 돕기
위하여 유증한 재산

⑧ 상속재산 중 상속인이 상속세과세표준 신고기한 이내에 국가, 지방자치단체
또는 공공단체에 증여한 재산

라. 과세가액

1) 상속세과세가액

상속세 대상이 되는 재산은 다음과 같습니다.

① 상속재산

② 유증 또는 사인 증여한 재산

③ 추정상속재산

④ 상속개시일 전 10년 이내에 피상속인이 상속인에게 증여한 재산가액

⑤ 상속개시일 전 5년 이내에 피상속인이 상속인이 아닌 자에게 증여한 재산가액

등을 포함한 재산가액에서 ㉠~㉢에 해당하는 재산을 뺀 재산가액입니다.

㉠ 비과세되는 상속재산

㉡ 공과금 · 장례비용 · 채무

㉢ 과세가액불산입

먼저 비과세되는 상속재산은 위에서 언급한 바와 같습니다. 또한 상속세과세가액을 산정할 때 공과금이나 공익신탁재산 등은 상속재산에서 제외됩니다.

여기서 과세가액불산입 재산가액이란 상속재산 중 피상속인 또는 상속인이 종교 · 자선 · 학술 또는 그 밖의 공익을 목적으로 하는 사업자(공익법인 등)에게 출연하였거나 신탁한 재산 가액을 말합니다.

공과금이란 상속개시일 현재 피상속인이 납부할 의무가 있는 조세, 공공요금, 국세징수법상 체납처분 예에 따라 징수할 수 있는 채권 중 국세 · 관세 · 임시수입 부가세 · 지방세와 이에 관계되는 가산금 및 체납처분비를 제외한 것을 말합니다.

하지만 상속개시일 이후 상속인이 책임져야할 사유로 납부 또는 납부할 가산세 · 가산금 · 체납처분비 · 벌금 · 과료 · 과태료 등은 여기에 포함되지 않습니다.

장례비용은 시신의 발굴이나 안치에 직접 소요된 비용 및 묘지구입비(공원묘지 사용료 포함) · 비석 · 상석 등 장례에 직접 소요된 비용으로써 다음 ①

과 ②를 합한 금액을 말합니다.

① 피상속인의 사망일부터 장례일까지 장례에 직접 소요된 금액(봉안시설 또는 자연장지의 사용에 소요된 금액은 제외)으로 그 금액이 500만원 미만인 경우에는 500만원, 1천만원을 초과하는 경우에는 1천만원까지
② 봉안시설 또는 자연장지의 사용에 소요된 금액으로서 그 금액이 500만원을 초과하더라도 500만원

따라서 증빙서류가 없더라도 최저 500만원, ①과 ②의 서류가 있는 경우에는 최대 1,500만원까지 장례비용으로 인정됩니다.

채무란 그 명칭과 상관없이 상속개시 당시 피상속인이 부담해야 할 확정된 채무로서 공과금 외의 것을 말합니다.

또한 이 채무에는 다음의 금액 등도 포함됩니다.

① 피상속인은 보증채무자에 불과하지만 주채무자가 변제할 수 없어 상속인이 주채무자에게 구상권을 행사할 수 없는 금액[8]
② 피상속인이 연대채무자인데 다른 연대채무자가 변제불능 상태가 되어 피상속인이 다른 연대채무자가 부담해야 될 부분까지 변제해야 하는 경우로서 이에 대하여 상속인의 구상권 행사로 변제받을 수 없다고 인정되는 금액[9]

이 경우 상속재산의 가액에서 제외하는 금액은 ① 해당 기관에 대한 채무임을 확인할 수 있는 서류를 통해 확인된 금액, 즉 국가·지방자치단체 및 금융기관에 대한 채무와, ② 채무부담계약서·채권자확인서·담보설정 및 이자지급에 관하여 증빙할 수 있는 서류 등을 통해 상속개시 당시 피상

속인의 채무라고 입증된 금액입니다.

2) 재산가액의 기준

증여한 재산가액에 대한 기준은 증여일 당시의 가액으로 하며 이때 그 합산되는 증여재산에 대한 증여세액은 상속세산출세액에서 공제합니다.

한편 같은 날이라도 부가 먼저 사망하고 이후에 모가 사망한 경우에는 부와 모의 재산을 각각 별도로 계산하여 과세하되 모의 상속세과세가액에는 부의 상속재산 중 모의 지분을 합산합니다. 그러나 부와 모가 동시에 사망했을 때는 부와 모의 상속재산에 대하여 각각 개별로 계산하여 과세하며 배우자상속공제 규정은 적용되지 않습니다.

사례 #4 K씨의 상속세과세가액

K는 2013년 5월 25일 사망했고, 당시의 재산현황은 다음과 같았습니다.

1. 토지(A) - 2억원
2. 토지(B) - 2억원(K 사회복지법인에 출연)
3. 건물(C) - 2억5천만원
4. 보험금(D) - 8천만원(L의 사망으로 인해 장녀가 받는 보험금으로서 총 불입보험료 2천만원 중 1천2백만원을 K가, 나머지는 장녀가 불입)
5. 공무원연금법상 유족일시금(E) - 1억5천만원
6. 아파트(F) - 증여당시가액 1억원 / 상속개시당시 2억2천만원(2005년 12월 20일 차남에게 증여)
7. 소득세 미납액(G) - 1천2백만원(아들의 귀책사유로 인한 가산금 2.백만원 포함)
8. K의 장례에 소요된 비용(H) - 봉안시설사용비(1천만원)를 포함하여 2천만원(증명서류 첨부)
9. K의 채무(K) - 은행 차입금 2천만원 / 은행이자 2백만원

Q^{19} 상속재산가액에 가산할 금액은 얼마일까요?

A^{19} 상속세과세가액은

1. 토지(A) 2억원 + 토지(B) 2억원 + 건물(C) 2억5천만원 + 보험금(D 8천만원 × 1천2백만원/2천만원) 4천8백만원 + 유족일시금(E) 1억5천만원 + 상속개시일 전 10년 이내에 피상속인이 상속인에게 증여한 재산가액으로 증여당시가액(F) 1억원 = 9억4천8백만원

2. 여기에서 상속세 과세가액 불산입 대상인 토지(B) 2억원, 상속재산으로 보지 않는 퇴직금(E) 1억5천만원, 공과금(G) 1천만원, 장례비(H) 1천5백만원, K의 채무(K) 2천2백만원 = 3억9천7백만원을 차감

3. 따라서 K의 상속세과세가액은 5억5천백만원이 됩니다.

4. 공제

상속세과세가액의 공제는 다음과 같습니다.

① 기초공제
② 배우자상속공제
③ 그 밖의 인적 공제
④ 일괄공제 등의 인적 공제
⑤ 기업상속공제
⑥ 영농상속공제
⑦ 금융재산상속공제
⑧ 재해손실공제
⑨ 동거주택상속공제 등 물적 공제
⑩ 감정평가수수료

가. 인적공제

1) 기초공제

피상속인의 사망으로 상속이 개시되는 경우에는 상속세과세가액에서 2억원을 공제합니다. 단 피상속인이 비거주자인 때에는 기초공제만을 적용하며 다른 공제는 적용하지 않습니다.

2) 배우자상속공제

거주자의 사망으로 배우자가 실제 상속받은 금액은 상속세과세가액에서 공제합니다. 이때 배우자는 법률상 배우자를 말합니다.

공제되는 금액은 다음과 같이 계산합니다.

① 상속인이 아닌 수유자가 유증 등을 받은 재산을 제외한 상속재산
② 상속개시일 전 10년 이내에 피상속인이 상속인에게 증여한 재산가액
③ 배우자의 법정상속분(공동상속인 중 상속을 포기한 사람이 있는 경우에는 그 사람이 포기하지 않은 경우의 배우자 법정상속분)
④ 증여재산가액 중 배우자에게 증여한 재산에 대한 과세표준

①과 ②를 합한 기준금액에 ③을 곱하고, 그 금액에서 ④를 뺀 금액입니다[(① + ②) × ③ - ④].

단 그 금액이 30억원이 넘는 경우에는 30억원을 한도로 하고 배우자가 실제 상속받은 금액이 없거나 5억원 미만인 때에는 상속세 신고를 하지 않았더라도 5억원을 공제합니다. 즉 피상속인의 배우자가 있는 경우라면 상속재산가액에서 최소 5억원을 공제하게 됩니다. 배우자의 법정상속분이란 현행 민법에 따른 상속분을 말합니다.

P는 2012년 12월 19일 사망했습니다. P에게는 배우자(R)와 아들(S), S의 아들(T), 딸(U)이 있으며 L씨의 재산현황은 다음과 같습니다.

1. 토지(A) – 5억원

2. 토지(B) – 3억원(사회복지법인에 출연)

3. 건물(C) – 2억5천만원

4. 보험금(D) – 1억2천만원(P의 사망으로 딸이 받는 보험금으로서 총 불입보험료 3천만원 중 1천8백만원을 P가 불입, 나머지는 딸이 불입)

5. 공무원연금법상 유족일시금(E) 2억5천만원

6. 아파트(F) – 증여당시가액 2억3천만원 / 상속개시당시는 3억2천만원 / 증여 당시 증여세 과세표준은 1억5천만원(2005년 12월 20일 아들에게 증여)

7. 소득세미납액(G) – 2천4백만원(아들의 귀책사유로 인한 가산금 6백만원 포함)

8. P의 장례 소요 비용(H) – 봉안시설사용비(1천만원)를 포함하여 1천5백만원(증명서류 첨부)

9. P의 채무(K) – 은행차입금 5천만원, 은행이자 6백만원

Q^{20} P의 상속세과세가액은 얼마일까요?

| 총 상속재산가액
13억7천2백만원

토지(A) 5억원
토지(B) 3억원
건물(C) 2억5천만원
보험금(D) 7천2백만원
(1억2천만원×1천8백만원
/3천만원)
유족일시금(E) 2억5천만원 | + | 증여재산가액(F)
2억3천만원

상속개시일 전 10년 이내
(합산기간 내)에 피상속인
이 상속인에게 증여한 재
산가액으로 증여당시가액 | = | 16억2백만원 |

| 16억2백만원 | − | 6억3천4백만원

토지(B) 3억원
(상속세 과세가액 불산입 대상)
퇴직금(E) 2억5천만원
(상속재산으로 보지 않는)
공과금(G) 1천8백만원
장례비(H) 1천만원
P의 채무(K) 5천6백만원 | = | 9억6천8백만원 |

토지(A) 5억원 + 토지(B) 3억원 + 건물(C) 2억5천만원 + 보험금(D) 7천2백만원(1억2천만원 × 1천8백만원/3천만원) + 유족일시금(E) 2억5천만원 = 13억7천2백만원(총 상속재산가액) + 상속개시일 전 10년 이내(즉 합산기간 내)에 피상속인이 상속인에게 증여한 재산가액으로 증여당시가액(F) 2억3천만원 = 16억2백만원 − 상속세 과세가액 불산입 대상인 토지(B) 3억원, 상속재산으로 보지 않는 퇴직금(E) 2억5천만원, 공과금(G) 1천8백만원, 장례비(H) 1천만원, P의 채무(K) 5천6백만원 = 9억6천8백만원

Q²¹ 상속재산의 협의분할에 의해 배우자가 8억원의 상속재산을 취득함과 동시에 모든 공과금과 채무를 승계하는 것으로 한 경우 배우자상속공제액은 얼마일까요?

A²¹
1. 총 상속재산가액 13억7천2백만원
2. 상속인이 아닌 자가 유증받은 재산가액 없음
3. 비과세상속재산가액 없음
4. 상속세 과세가액불산입 재산가액 3억원
5. 상속재산으로 보지 않는 퇴직금 2억5천만원
6. 공과금 및 채무 7천4백만원(장례비용 불포함)
7. 합산기간 내에 상속인이 증여받은 재산가액(현재가액)은 3억2천만이므로 기준금액은 10억6천8백만원

  ㄱ. 배우자가 실제 상속받은 재산가액은 8억원 − 7천4백만원 = 7억2천6백만원
  ㄴ. 공제한도액은 10억6천8백만원 × 약 42%(법정상속분 1.5/3.5) − 1억5천만원(증여세 과세표준) = 2억9천8백56만원
  ㄷ. 이는 30억원 또는 5억원보다 적으므로 배우자상속공제액은 5억원입니다.

3) 그 밖의 인적공제

인적공제의 대상은 현재 피상속인이 사실상 부양하고 있는[10] 직계존비속(배우자의 직계존속 포함) 및 형제자매입니다. 이들이 상속 포기 등으로 상속을 받지 않는 경우에도 적용된다는 것을 유의해야 합니다. 미성년자와 장애인 공제를 적용할 때 1년 미만의 기간은 1년으로 계산합니다.

인적공제의 종류와 금액한계는 다음과 같습니다.

인적공제의 종류	금액의 한계
자녀공제	자녀 1명 당 3천만원
미성년자공제	배우자를 제외한 상속인 및 동거가족 중 미성년자는 500만원 20세가 될 때까지의 연수
연로자공제	배우자를 제외한 상속인 및 동거가족 중 60세 이상인 사람은 1인당 3천만원
장애인공제	「장애인복지법」에 의한 장애인, 「국가유공자 등 예우 및 지원에 관한 법률」에 의한 상이자의 증명을 받은사람 등으로서 500만원 기대여명까지의 연수

이 규정에 따른 공제는 서로 중복 적용되지는 않습니다. 하지만 예외적으로 자녀공제에 해당하는 사람이 미성년자공제에도 해당하거나 또는 장애인공제에 해당하는 사람이 배우자상속공제 또는 자녀공제 · 미성년자공제 · 연로자공제에 해당하는 경우에는 각각 그 금액을 합산하여 공제합니다.

4) 일괄공제

거주자의 사망으로 상속이 개시되는 경우 상속인 또는 수유자는 기초공제 · 그 밖의 인적공제를 합한 금액이나 5억원 중 큰 금액으로 공제를 받을 수 있는데 이를 일괄공제라고 합니다. 상속세과세표준신고를 하지 않은 경우에는 5억원을 공제합니다.

하지만 피상속인의 배우자가 단독으로 상속받는 경우에 이 규정은 적용되지 않고 기초공제와 그 밖의 인적공제를 합한 금액만을 공제합니다.

나. 물적 공제

1) 금융재산상속공제 · 가업상속공제 · 영농상속공제

금융재산상속공제란 거주자의 사망으로 상속이 시작되는 경우 당시 상속재산가액 중, 금융재산가액에서 금융채무를 뺀 나머지 금액이 있으면 다음과 같이 상속세에서 공제해 주는 것을 말합니다.

① 순금융재산가액이 2천만원 이상인 경우 : 순금융재산가액의 20%와 2천만원 중 큰 금액을 기준으로 최대 2억원까지 공제

② 순금융재산가액이 2천만원 이하인 경우 : 2천만원 미만이면 해당 금액 공제

이렇게 금융재산상속제를 적용받을 수 있는 금융재산은 다음과 같습니다.

㉠ 금융기관이 취급하는 예금 · 적금 · 부금 · 계금 · 출자금 · 신탁재산 · 보험금 · 공제금 · 수식 · 채권 · 수익증권 · 출자지분 · 이음 등의 금전 · 유가증권

㉡ 한국거래소에 상장되지 않은 주식 및 출자지분으로서 금융기관이 취급하지 않은 것

㉢ 발행회사가 금융기관을 통하지 않고 직접 모집하거나 매출하는 방법으로 발행한 회사채 등 금융재산이 있는 경우

가업상속공제(제18조 제2항 제1호) 또는 영농상속공제(제18조 제2항 제2호)란 일정한 요건과 자격을 갖춘 중소기업이나 영농인에 대해 법에서 정한 금액을 공제하는 것을 말합니다. 해당 요건, 자격, 공제금액 등에 대해서는 각각 규정으로 정하고 있습니다.

2) 재해손실공제

재해손실공제란 거주자의 사망으로 상속이 개시되었지만 상속세 신고기한 내에 화재·붕괴·폭발·환경오염사고 및 자연재해 등으로 그 상속재산이 멸실·훼손된 경우 그 손실가액을 상속세과세가액에서 공제하는 것을 말합니다.

하지만 보험금의 수령이나 구상권의 행사 등으로 그 손실가액에 상당하는 금액을 보전 받을 수 있는 경우에는 적용되지 않습니다.

3) 동거주택상속공제

거주자의 사망 당시 일정 조건을 만족하는 경우 동거주택가액의 40%를 상속세과세가액에서 공제하는 것을 말합니다. 최대 공제한도액은 5억원이고 조건은 다음과 같습니다.

① 피상속인과 상속인이 상속개시일부터 소급하여 10년 이상(동거주택판정기간) 계속하여 한 주택에서 동거

② 피상속인과 상속인이 위 기간 동안 계속 1세대를 구성하여 소득세법시행령에 따른 1세대 1주택(고가주택 포함)[11]에 해당

③ 상속인이 상속개시일 현재 무주택자인 경우

단 1세대가 2주택 이상을 소유했더라도 다음의 경우에는 1세대가 1주택을 소유한 것으로 봅니다.

① 피상속인이 다른 주택을 취득(본인이 건설하여 취득한 경우 포함)하여 일시적으로 2주택을 소유한 경우(단 다른 주택을 취득한 날부터 2년 내에 종전 주택을 양도하고 이사하는 경우만 해당)
② 상속인이 상속개시일 이전에 1주택을 소유한 자와 혼인한 경우(단 혼인일로부터 5년 내에 상속인의 배우자가 소유한 주택을 양도한 경우만 해당)
③ 피상속인이 문화재보호법에서 규정하고 있는 등록문화재에 해당하는 주택을 소유한 경우
④ 피상속인이 소득세법시행령에서 규정하고 있는 이농주택 또는 귀농주택을 소유한 경우
⑤ 1주택을 보유, 1세대를 구성하고 있는 사람이 상속개시일 이전에 60세 이상의 직계존속을 동거봉양하기 위해 세대를 합쳐 일시적으로 1세대가 2주택을 보유한 경우(단 세대를 합친 날부터 5년 내에 피상속인 이외의 자가 보유한 주택을 양도한 경우만 해당)
⑥ 피상속인이 상속개시일 이전에 1주택을 소유한 자와 혼인함으로써 일시적으로 1세대가 2주택을 보유한 경우(단 혼인일로부터 5년 내에 피상속인의 배우자가 소유한 주택을 양도한 경우만 해당)

한편 이를 적용할 때 피상속인과 상속인이 징집, 취학, 근무상 형편, 질병요양 등으로 동거하지 못한 경우에는 계속 동거한 것으로 보기는 하지만 해당 기간을 동거기간에 산입하지는 않습니다.

4) 감정평가수수료공제

상속세를 신고·납부하기 위하여 상속재산을 평가하는데 드는 수수료로서 부동산가격공시 및 감정평가에 관한 법률 규정에 의한 감정평가법인의 평가에 따른 수수료(상속세 납부목적용에 한함)는 500만원 한도에서 그리고 신용평가전문기관에 의한 비상장주식의 평가에 따른 수수료는 평가대상법인 수 및 평가를 의뢰한 신용평가전문기관 수 별로 각각 1천만원 한도에서 이를 상속세과세가액에서 공제합니다.

다. 공제적용의 한도

기초공제·가업상속공제·영농상속공제·배우자상속공제·그 밖의 인적공제·일괄공제·금융재산상속공제·재해손실공제 및 동거주택상속공제에 관한 규정에 따라 공제할 금액은 상속세과세가액에서 다음을 제외한 금액을 한도로 합니다.

① 상속인이 아닌 자에게 유증·사인증여한 재산의 가액
② 상속인의 상속 포기로 그 다음 순위의 상속인이 상속받은 재산의 가액
③ 증여재산가액(증여공제를 받은 금액이 있으면 그 증여재산가액에서 그 공제받은 금액을 뺀 가액)

M은 인천에 거주하던 중 2013년 1월 20일 별도의 유언 없이 갑자기 사망하게 되었습니다. 당시 M의 동거가족으로는 배우자(만 73세), 아들(만 45세), 며느리(만 42세), 손자(만 16세) 등이고, 그의 재산은 다음과 같습니다.

1. 토지(A) – 8억5천만원
2. 건물(B) – 6억5천만원(동거주택)
3. 예금(C) – 4천2백만원
4. 증여(D) – 당시 평가액은 3억8천만원 / 증여공제액은 4천6백만원(2009년 11월 12일 아들에게 증여)
5. 채무(E) – 6천만원
6. 장례비용(F) – 2천만원(봉안시설 7백만원 포함)
7. 부동산감정평가수수료(F) – 2천만원

Q²² 이때 상속세과세표준은 얼마일까요?

A²² 상속세과세표준 : 상속세과세가액 – 공제적용한도액 – 감정평가수수료

1. **상속세과세가액** · 15억4천2백만원(총 상속재산가액) – 6천만원(채무) – 1천5백만원원(장례비용) + 3억8천만원(증여) = 18억4천7백만원

2. 공제액 17억5백20만원

    ① 기초공제 2억원

    ② 자녀공제 3천만원

    ③ 미성년자공제 5백만원 × 3년 = 1천5백만원

④ 연로자공제 없음

⑤ 장애인공제 없음

⑥ 배우자상속공제 ㉠과 ㉡ 중 적은 금액 9억2천5백20만원

  ㉠ 법정상속분 : 11억5천3백20만원(1,542,000,000원 +
    380,000,000원) × 1.5/2.5(60%)

  ㉡ 실제상속분 : 9억2천5백20만원(1,542,000,000원 × 60%)

⑦ 일괄공제 ㉠과 ㉡ 중 큰 금액 5억원(따라서 ①. ②. ③은 적용되지 않음)

  ㉠ 기초공제 + 그 밖의 인적공제 : 2억4천5백만원

  ㉡ 5억원

⑧ 금융재산상속공제 ㉠과 ㉡ 중 큰 금액 2천만원

  ㉠ 4천2백만원 × 20% = 8백40만원

  ㉡ 2천만원

⑨ 재해손실공제 없음

⑩ 동거주택상속공제 6억5천만원 × 40% = 2억6천만원

3. 공제적용한도 : 15억천3백만원[18억4천7백만원 – (3억8천만원 – 4천6백만원)]

4. 부동산감정평가수수료 : 5백만원

5. 상속세과세표준은 3억2천9백만원

18억4천7백만원(상속세과세가액) – 15억천3백만원(공제적용한도액) – 5백만
원(감정평가수수료) = 3억2천9백만원

5. 상속세의 계산

가. 상속세율 및 세대를 건너뛴 상속에 대한 할증과세

상속세과세표준에 따른 상속세율은 다음과 같습니다.

과세표준	세율
1억원 이하	과세표준의 100분의 10
1억원 초과 5억원 이하	1천만원 + (1억원을 초과하는 금액의 100분의 20)
5억원 초과 10억원 이하	9천만원 + (5억원을 초과하는 금액의 100분의 30)
10억원 초과 30억원 이하	2억4천만원 + (10억원을 초과하는 금액의 100분의 40)
30억원 초과	10억4천만원 + (30억원을 초과하는 금액의 100분의 50)

한편 세대를 건너뛴 상속에 대한 할증과세에 대해서는 위에서 언급한 바와 같습니다.[12]

나. 증여세액공제 및 외국납부세액공제

상속재산에 가산한 증여재산에 대한 증여세액은 상속세산출세액에서 공제합니다. 한편 거주자의 사망으로 상속세를 부과할 때 외국에 있는 상속재산에 대하여 그 나라의 법령에 따라 상속세를 부과 받은 경우에는 그 부과 받은 상속세에 상응하는 금액을 상속세산출세액에서 공제합니다.

다. 단기재상속에 대한 세액공제

상속개시 후 10년 이내에 상속인이나 수유자가 사망하여 다시 상속이 개시되는 경우에는 이전에 상속세를 부과했던 상속재산 중 다시 상속되는 부분에 대한 기존의 상속세 상당액을 상속세산출세액에서 공제합니다.

재상속기간에 따른 공제율은 다음과 같습니다.

재상속 기간	공제율	재상속 기간	공제율
1년 이내	100분의 100	2년 이내	100분의 90
3년 이내	100분의 80	4년 이내	100분의 70
5년 이내	100분의 60	6년 이내	100분의 50
7년 이내	100분의 40	8년 이내	100분의 30
9년 이내	100분의 20	10년 이내	100분의 10

라. 문화재자료 등에 대한 징수유예

이는 문화재보호법상 문화재자료 및 등록문화재, 박물관 및 미술관진흥법상 박물관자료 내지 미술관자료로서 박물관·미술관에 전시·보존 중인 재산 등이 상속재산에 포함되어 있는 경우에는 상속세액에 대한 징수를 유예해주는 것을 말합니다.

마. 신고세액공제

상속인이 신고 기한 내에 상속세과세표준을 신고한 경우에 ① 상속세 산출세액에서 문화재자료 등에 대한 징수유예세액과 ② 이 법 또는 다른 법률에 따라 산출세액에서 공제·감면되는 금액을 뺀 나머지 금액의 100분의 10에 해당하는 금액을 공제하는 것을 말합니다.

상속세 산출세액은 상속세 신고기한까지 신고한 과세표준에 대한 산출세액을 말하며 세대를 건너뛴 상속에 대한 할증과세액도 여기에 포함하여 계산합니다.

6. 상속세의 납부

가. 상속세 과세표준신고

상속인·수유자 등 상속세 납부의무자는 상속개시일이 속한 달 말일부터 6개월 내에 상속세과세가액 및 과세표준을 납세지 관할세무서장에게 신고해야 합니다. 그 신고기간에 유언집행자 또는 상속재산관리인이 있는 경우에는 이들이 시정되거나 선임되어 직무를 시작하는 날로부터 계산합니다.

나. 자진납부

상속세를 신고할 때는 신고기한까지 상속세산출세액에서 일정 금액을 뺀 나머지 금액을 납세지 관할세무서, 한국은행 또는 우체국에 납부해야 합니다. 일정 금액에 해당하는 내용은 다음과 같습니다.

① 문화재자료 등 징수유예세액
② 관련 법률에 따라 산출세액에서 공제 · 감면되는 금액
③ 연부연납을 신청한 금액
④ 물납을 신청한 금액

납부 세액이 1천만원 이상 2천만원 이하인 경우에는 1천만원을 넘는 금액, 2천만원 이상인 경우에는 해당 세액의 100분의 50 이하의 금액을 납부기한이 지난 후 2개월 내에 분할하여 납부할 수 있습니다. 단 연부연납을 허가받은 경우에는 그에 따릅니다.

다. 연부연납과 물납

상속세납부세액이 2천만원 이상인 경우 납세의무자가 상속세과세 표준신고 또는 증여세 과세표준신고와 함께 신청서를 제출하면 연부연납이 가능합니다. 연부연납이란 상속세 일부를 법정신고기한 이후에 납부할 수 있도록 기간을 연장해 주는 것을 말합니다.
단 납세의무자는 담보를 제공해야 하며 연부연납 기간이나 가산금 등에 대해 별도의 규정을 따라야 합니다.

물납이란 금전 이외의 재산으로 상속세를 납부하는 방법을 말합니다. 즉 상속받은 재산 중 부동산과 유가증권 가액이 해당 재산가액의 2분의 1 이상이고 상속세납부세액이 1천만원 이상인 경우 납세의무자가 물납을 신청할 수 있습니다.

7. 상속세 결정 및 경정

상속세과세표준과 세액은 상속세과세표준 신고기한부터 6개월 이내에 결정합니다.(법정결정기한) 단 상속재산 조사, 가액 평가 등에 오랜 시간이 걸리는 등 부득이한 사정으로 그 기간 내에 결정할 수 없는 경우에는 해당 사유를 상속인·수유자 또는 수증자에게 알리고 기간을 연장할 수 있습니다.

과세표준과 세액이 결정되면 납세고지서에 과세표준과 세액 산출근거를 명시하여 상속인 또는 수유자에게 통지합니다. 만일 상속인이나 수유자가 2명 이상일 경우에는 상속세과세표준신고서를 제출한 자 또는 상속인대표자 1명에게만 통지할 수도 있습니다. 이 통지의 효력은 상속인, 수유자 모두에게 미칩니다.

상속세과세표준 및 세액을 신고한 자나 상속세과세표준 및 세액의 결정·경정을 받은 사람은 다음의 경우에 그 사유가 발생한 날로부터 6개월 내에 결정이나 경정을 신청할 수 있습니다.

① 상속재산에 대해 상속회복청구소송 등이 있어 상속개시일 현재 상속인 간에 상속재산가액이 변동된 경우

② 상속개시 후 1년이 되는 날까지 상속재산의 수용 등의 사유로 상속재산의 가액이 크게 하락한 경우

8. 가산세

가. 국세기본법상의 가산세

1) 무신고가산세

납세의무자가 법정신고기한까지 과세표준신고를 하지 않거나 부정행위로 법정신고기한까지 세법에 따른 국세의 과세표준 신고를 하지 않은 경우에는 상속세산출세액에 대해 법에서 정한 비율을 가산·징수합니다.

2) 과소신고가산세

납세의무자가 법정신고기한까지 상속세과세표준신고를 했지만 과세표준 또는 납부세액을 신고해야 할 금액보다 적게 신고했거나, 환급세액을 신고해야 할 금액보다 많이 신고한 경우에 가산세를 납부해야 합니다. 부정행위로 이를 신고한 경우에도 동일합니다.

3) 납부불성실가산세

납세의무자·연대납세의무자·납세자를 대신하여 납부할 의무가 생긴

제2차 납세의무자·보증인 등이 법정납부기한까지 상속세를 납부하지 않거나 납부해야 할 세액보다 적게 납부한 경우 또는 초과환급을 받은 경우에는 상속세납부세액에 이를 가산하거나 환급세액에서 공제합니다.

나. 상속세 및 증여세법상의 가산세

① 소득세 납부의무자가 해당 지급명세서 등을 제출하지 않거나 누락한 경우 ② 제출한 지급명세서 등 보고서에 출연재산·운용소득·매각재산 등 명세의 누락·잘못 기재로 사실을 확인할 수 없게 된 경우에는 그 미제출분, 누락분 또는 불분명한 부분에 해당하는 금액의 일정액에 상당하는 금액을 소득세나 법인세에 가산하여 징수합니다. 이 경우 산출세액이 없을 때에도 가산세는 징수합니다.

1) 취득과세형은 각각의 상속인이 취득한 유산가액에 과세하는 방식이다.

2) 임상엽 · 정정운, 『세법개론』, 2012(상경사), pp 1291.

3) 제27조(세대를 건너뛴 상속에 대한 할증과세) 상속인이나 수유자가 피상속인의 자녀가 아닌 직계비속인 경우 다음과 같이 계산한다. 단 대습상속의 경우(『민법』 제1001조)에는 그렇지 않다.

4) 상속지분이 많은 사람 또는 지분이 같은 사람이 2인 이상일 경우 연장자.

5) 용도불명금액이란 재산처분 · 인출 또는 채무부담으로 인한 금액에서 용도가 분명한 금액을 뺀 나머지 금액을 말한다.

6) 금양임야란 피상속인의 선조의 분묘에 속해 있는 임야를 말한다.

7) 여러 명이 공동으로 제사를 주재하는 경우 비과세 재산은 공동으로 제사를 주재하는 자 전부가 상속받는 금양임야 또는 묘토인 농지의 합계면적을 한도로 한다.

8) 피상속 B가 아파트를 구입하기 위해 M에게 2억원을 대출받으면서 친구 A를 보증채무자로 세웠다. 이후 A가 사망했고, B는 파산하게 되어 M은 A의 아들인 K에게 A의 상속재산 중에서 대출금을 상환해 줄 것을 요구하였고 K는 그 금액을 상환하였지만 B에게는 이를 돌려받을 수 없게 된 경우.

9) 피상속인인 A와 친구 B가 동업을 하면서 은행에서 운용자금 5억원을 대출하여 공동으로 채무를 부담하기로 했다. 하지만 이후 A가 사망하고 사업은 부도가 나서 B가 파산함으로써 A의 아들인 K가 A의 상속재산으로 부채를 상환하였지만 B에게는 이를 돌려받을 수 없게 된 경우.

10) 피상속인의 재산으로 생계를 유지하고 있는 자.

11) 주택과 그 주택에 속한 토지를 양도할 당시 실제거래가액의 합계액이 9억원을 초과하는 주택.

12) 214쪽 '나. 납부의무자' 참조.

1. 구상엽(2012), "개정 민법상 성년후견제도에 대한 연구 : 입법배경, 입법자의 의사 및 향후과제를 중심으로", 서울대학교(박사학위논문).

2. 김종원, 『핵심정리가족법』 고시연구사, 2003.

3. 김형배, 『민법학강의(제5판)』 신조사, 2006.

4. 대한민사법실무연구회, 『현행 법규 사례에 따른 성년후견 · 후견제도의 규정과 사례』 법문북스, 2013.

5. 박균성 · 함태성 공저, 『환경법』 박영사, 2013.

6. 박은수, 『알고 이용하자! 성년후견제도』 나남, 2012.

7. 백승흠(2010), "성년후견제도의 도입과 과제", 법학논총(제27권1호), 한양대학교 법학연구소.

8. 백승흠(2011), "민법개정안의 성년후견제도와 피후견인의 신상보호", 법학논고(제35호).

9. 신권철, 『성년후견제도와 사회복지제도의 연계』 집문당, 2013.

10. 이시윤 외, 『법률용어사전』 (주)청림출판, 1997.

11. 임상엽 · 정정운, 『세법개론』 상경사, 2012.

12. 장봉석(2012), "노인장기요양서비스의 공공성 강화를 위한 방안", 노인장기요양보험 공공성 확대방안, 한국재가노인복지협회.

13. 제철웅(2008), "성년후견제도의 개정방향", 민사법학(제42호).

14. Riki Kusaka, 『헬프맨!(18~20권)』 학산문화사, 2012.

15. 岩村正彦 編(2007), 福祉サービス契約の法的研究, 信山社.

16. 福田幸夫 · 森長秀(2013), 權利擁護と成年後見制度[第2版], 弘文堂.

17. 一般社團法人 遺品整理士認定協會, 遺品整理士養成講座(敎本).

유산 · 유품정리사 들여다보기

발행일 | 2014년 10월 8일
초 판 | 1쇄

지은이 | 장봉석
펴낸이 | 황재영
편 집 | 김은진
펴낸곳 | 주식회사 노인연구정보센터

서울특별시 마포구 백범로 169-9 국민서관 208호
전화 070-8274-2100 팩스 02-701-0840
www.eic2010.co.kr

Copyright © 주식회사 노인연구정보센터, 2014, Printed in Korea.

ISBN 978-89-97117-27-7